Produktionsentscheidung

Die Leuphana Case Studies sind ein Projekt, das in Zusammenarbeit mit kleinen und mittelständischen Unternehmen erstellt und entwickelt worden ist. Sie sind ein Lehrbuch, mit dessen Hilfe Unternehmen, die vor ähnlichen Herausforderungen stehen, selbige bewältigen können. Dafür ist keine Hilfe von Dritten notwendig. Auf Grundlage der einzelnen Case Studies werden den Bearbeiterinnen und Bearbeitern elementare Werkzeuge aus der wissenschaftlichen Theorie erklärt. Diese können sie anwenden, um mit den Insiderkenntnissen des eigenen Unternehmens Prozesse zu optimieren, Ziele zu entwickeln und zu erreichen oder schwierige Herausforderungen zu bewältigen.

Weitere Bände in dieser Reihe
http://www.springer.com/series/15432
Massonne, Veranstaltungsmanagement - 978-3-662-54003-9
Klöppner et al., Fachkräftemangel im Pflegesektor - 978-3-662-54013-8
Melles, Produkteinführung - 978-3-662-54001-5
Deharde, Produktionsentscheidung - 978-3-662-53997-2
Sikkenga, Shitstorm-Prävention - 978-3-662-54015-2
Göse, Sozialunternehmen - 978-3-662-54007-7
van Hueth et al., Sozialwirtschaft - 978-3-662-54005-3
Giese, Großprojektmanagement - 978-3-662-54011-4
Göse/Reihlen, Gründung einer Unternehmensberatung - 978-3-662-54009-1
Zu diesem Band gibt es OnlinePlus Materialen

Inke Deharde

Produktions-
entscheidung

Springer Gabler

Inke Deharde
Case Studies
Leuphana Universität Lüneburg
Lüneburg
Deutschland

ISBN 978-3-662-53997-2   ISBN 978-3-662-53998-9 (eBook)
DOI 10.1007/978-3-662-53998-9

Die Deutsche Nationalbibliothek verzeichnet diese Publikation in der Deutschen Nationalbibliografie; detaillierte bibliografische Daten sind im Internet über http://dnb.d-nb.de abrufbar.

Springer Gabler
© Springer-Verlag GmbH Deutschland 2017
Das Werk einschließlich aller seiner Teile ist urheberrechtlich geschützt. Jede Verwertung, die nicht ausdrücklich vom Urheberrechtsgesetz zugelassen ist, bedarf der vorherigen Zustimmung des Verlags. Das gilt insbesondere für Vervielfältigungen, Bearbeitungen, Übersetzungen, Mikroverfilmungen und die Einspeicherung und Verarbeitung in elektronischen Systemen.
Die Wiedergabe von Gebrauchsnamen, Handelsnamen, Warenbezeichnungen usw. in diesem Werk berechtigt auch ohne besondere Kennzeichnung nicht zu der Annahme, dass solche Namen im Sinne der Warenzeichen- und Markenschutz-Gesetzgebung als frei zu betrachten wären und daher von jedermann benutzt werden dürften.
Der Verlag, die Autoren und die Herausgeber gehen davon aus, dass die Angaben und Informationen in diesem Werk zum Zeitpunkt der Veröffentlichung vollständig und korrekt sind. Weder der Verlag, noch die Autoren oder die Herausgeber übernehmen, ausdrücklich oder implizit, Gewähr für den Inhalt des Werkes, etwaige Fehler oder Äußerungen. Der Verlag bleibt im Hinblick auf geografische Zuordnungen und Gebietsbezeichnungen in veröffentlichten Karten und Institutionsadressen neutral.

Gedruckt auf säurefreiem und chlorfrei gebleichtem Papier

Springer Gabler ist Teil von Springer Nature
Die eingetragene Gesellschaft ist Springer-Verlag GmbH Deutschland
Die Anschrift der Gesellschaft ist: Heidelberger Platz 3, 14197 Berlin, Germany

Vorwort des Herausgebers

Im Rahmen des Regionalentwicklungsprojekts Innovations-Inkubator Lüneburg wurden der Leuphana Universität im Zeitraum 2009 bis 2015 Mittel der Europäischen Union und des Landes Niedersachsen zur intensiven Förderung der Wirtschaft durch Transfer von Wissen aus der Forschung in die Unternehmen des aus elf Landkreisen bestehenden ehemaligen Regierungsbezirks Lüneburg bereitgestellt. Eine der insgesamt 47 in dem EU-Großprojekt durchgeführten Maßnahmen war die Erarbeitung der Leuphana Case Studies.

Gemeinsam mit Kooperationspartnern aus dem Konvergenzgebiet wurden zwölf Case Studies zu spezifischen Herausforderungen der Region erarbeitet. Die Themenfelder sind dabei sehr unterschiedlich und reichen von Fragen des Nachhaltigkeitsmanagements, über das Veranstaltungs- und Kulturmanagement im ländlichen Raum, bis hin zu Fragen der Vernetzung von kleinen und mittelständischen Unternehmen.

Dabei wurde das Konzept der wissenschaftlichen Methode Case Study mit den Leuphana Case Studies weiterentwickelt. Diese bestehen nicht nur aus einem mehrseitigen Text der Case Study, der dann von Studierenden bearbeitet wird. Die Leuphana Case Studies beinhalten ein didaktisches Konzept, mit dem den Bearbeiterinnen und Bearbeitern der Case Studies die Werkzeuge zur Lösung ihrer Herausforderungen vermittelt werden. So können die Case Studies von Unternehmen in vergleichbaren Situationen eingesetzt werden. Mit Hilfe des didaktischen Konzepts der Case Studies kann aus dem Wissensschatz der Mitarbeiterinnen und Mitarbeiter eines Unternehmens eine Lösung für die eigenen Herausforderungen erarbeitet werden.

Die Leuphana Case Studies sind in Zusammenarbeit mit den weiterbildenden Studiengängen der Leuphana Professional School entstanden. So wurden die didaktischen Konzepte bereits in der Praxis erprobt und darauf aufbauend weiter verfeinert. Die vorliegende Case Study spiegelt in weiten Teilen reale Entwicklungsprozesse wider. An einigen Stellen wurden die Darstellungen didaktisch überarbeitet.

Wir wünschen Ihnen viel Erfolg und Spaß bei der Bearbeitung der vorliegenden Case Study. Wir sind uns sicher, dass Sie Werkzeuge und Fähigkeiten erlernen werden, die Ihnen bei Ihrer täglichen Arbeit und bei der Bewältigung der Herausforderungen dort helfen werden.

Christoph Kleineberg

Vorwort des Autors

Das Buch analysiert anhand eines Beispiels die Faktoren, die für oder gegen eine Verlagerung von Wertschöpfungsanteilen sprechen. Betriebswirtschaftliche Vor- und Nachteile werden analysiert, berechnet und bewertet. Zusätzliche gesellschaftliche und soziale Aspekte werden ebenfalls in die Betrachtung aufgenommen, sodass eine konkrete Vorgehensweise entsteht, die Unternehmen dabei helfen kann, Diskussionen über Produktionsstandorte mit Zahlen und belastbaren Fakten zu untermauern. Dieser Ansatz lässt sich auf Unternehmen übertragen, die ebenfalls über eine Verlagerung von Produktionsstandorten nachdenken.

In der zu bearbeitenden Case Study steht ein mittelständisches Unternehmen vor der Frage, ob eine Verlagerung des Produktionsstandortes in eine andere Region oder das Ausland vollzogen werden kann und ob dies profitabel ist. Das Unternehmen wird bei der Entscheidungsfindung zur Standortwahl begleitet. So werden die potenziellen Chancen und Risiken einer Standortverlagerung behandelt. Dabei werden insbesondere die Wirtschaftlichkeit und weitere regionale Einflussfaktoren berücksichtigt. Im Rahmen der Analyse wird ebenfalls die Optimierung des Ursprungsstandortes in Erwägung gezogen. Hierdurch kann eine fundierte Entscheidung dahingehend getroffen werden, ob die optimale Nutzung der vorhandenen Ressourcen oder die Produktionsverlagerung langfristig die bessere Alternative darstellt.

Inke Deharde, M.Sc.

Abkürzungsverzeichnis

CNC	Computerized Numerical Control
CSR	Corporate Social Responsibility
EK	Eigenkapital
F&E	Forschung und Entwicklung
FK	Fremdkapital
FTE	Full-Time Equivalent
IZM	Interne Zinsfußmethode
KMU	Kleine und mittlere Unternehmen
NANW	Notwendig aber nicht wertschöpfend
QM	Qualitätsmanagement
WACC	Weighted Average Cost of Capital

Inhaltsverzeichnis

1 Einleitung 1
   1.1 Kerngedanken der Case Study 1
   1.2 Zielsetzung 3
   1.3 Erläuterung zur Fallstudie 4

2 **Fallentstehung** 5
   2.1 Die Kooperationen 5
   2.2 Danksagung 6

3 **Workload für Teilnehmer** 7

4 **Fallbeschreibung** 9
   4.1 Aufbruch oder Abbruch, das ist hier die Frage 9
       4.1.1 Abstract 9
       4.1.2 Die Herausforderung 10
   4.2 Vorstellung des Unternehmens 12
       4.2.1 Vorstellung der Hauptakteure 14
       4.2.2 Unternehmenshistorie 18
       4.2.3 Organigramm der Innova-Q AG 20
       4.2.4 Markt 21
       4.2.5 Beschreibung der Ausgangssituation und Kontext 23
   4.3 Zentrale Fragestellung 26

5 **Aufgabenstellungen** 29
   5.1 Aufgaben zur Standortbewertung 29
   5.2 Aufgaben zu den Selbstkosten und Kapitalstrukturen 31
   5.3 Aufgaben zur Wirtschaftlichkeitsberechnung I 35
   5.4 Aufgaben zur Potenzialanalyse 41
   5.5 Aufgaben zur Wirtschaftlichkeitsberechnung II 44

5.6 Aufgaben zur abschließenden betriebswirtschaftlichen
Bewertung... 45
5.7 Aufgaben zum Einfluss auf die Region (CSR)................ 47
5.8 Aufgaben zum Transfer in die Praxis....................... 50
5.9 Aufgaben zur Erstellung des Abschlussberichtes.............. 51

6 Musterlösungen 53

Literaturverzeichnis 59

Abbildungsverzeichnis

Abb. 3.1	Workload für Teilnehmer	7
Abb. 4.1	Unternehmenshistorie	19
Abb. 4.2	Organigramm der Innova-Q AG	20
Abb. 4.3	Verteilung Flächen und Mitarbeiter	21
Abb. 4.4	Vergleich Premium und Custom-Ausführung	23
Abb. 4.5	Umsatzzahlen und Gewinn der Innova-Q AG	24
Abb. 5.1	Faktorkosten	30
Abb. 5.2	Kostenblöcke der Innova-Q AG am Lüneburger Standort	32
Abb. 5.3	Kostenblöcke der Innova-Q AG am Standort in Cluj (Szenario) (2013)	32
Abb. 5.4	Fremd- und Eigenkapitalquoten der Innova-Q AG	33
Abb. 5.5	Marktrisiko	34
Abb. 5.6	Symbolbedeutung	35
Abb. 5.7	Verlagerungskosten (Investitionskosten und Einmalkosten)	39
Abb. 5.8	Erlöse und Kosten der Produktionsstilllegung in Lüneburg	39
Abb. 5.9	Arten der Verschwendung	41
Abb. 5.10	Artikel in der Tageszeitung Lüneburg Aktuell	48
Abb. 6.1	Lösung Aufgabe 2b	54
Abb. 6.2	Lösung 3e Prinzip	55
Abb. 6.3	Lösung 3e Interner Zinsfuß	56

Einleitung

1.1 Kerngedanken der Case Study

Die Case Study Manufacturing Management, „Erhaltung von Produktionsstandorten in Hochlohnländern" basiert auf der Kooperation mit verschiedenen kleinen und mittleren Unternehmen (KMU)[1] der Wirtschaftsregion rund um Lüneburg. Kooperative Case Studies zeichnen auf besonders authentische Art und Weise typische Problemstellungen in Unternehmen nach und versetzen die Teilnehmerinnen und Teilnehmer während der Bearbeitung in die Rolle der Entscheidungsträger und Entwickler von Handlungsoptionen. Diese können für das Gelingen oder Scheitern eines Unternehmens relevant sein und sind daher verantwortungsvoll zu entwickeln und auszuwählen. Kooperative Case Studies stellen eine unternehmenskritische Managementsituation realitätsgetreu nach, liefern einen Großteil der für den Fall relevanten qualitativen und quantitativen Informationen in Form von Gesprächsinhalten, Meinungen, Kennzahlen, Beschreibungen und Studien, verlangen jedoch häufig auch noch einen gewissen eigenen Rechercheaufwand, um geeignete Lösungsalternativen entwickeln zu können (vgl. Bellmann und Himpel 2008, S. 3).

Da üblicherweise die Parameter Absatzmarkt, Beschaffungsmarkt, Innovationen, Konkurrenz und Substitutionsprodukte über die Wettbewerbsposition von Unternehmen entscheiden, befassen sich unternehmenskritische Managemententscheidungen zumeist mit der Schaffung, Sicherung oder Steigerung von Erfolgspotenzialen, um am Markt bestehen zu können und gegenüber dem Wettbewerb

---

[1]KMU: Kleine und mittlere Unternehmen ist die Sammelbezeichnung für Unternehmen, die definierte Grenzen hinsichtlich Beschäftigtenzahl, Umsatzerlös oder Bilanzsumme nicht überschreiten.

existenzsichernde Vorteile zu erzielen (vgl. Porter 1991, S. 56-62, 67, 72). Die vorgenannten Parameter werden ergänzt durch weiche Einflussfaktoren, die im Wesentlichen auf die Sozialisierung von Unternehmen abzielen und in Themenfeldern wie Vernetzung, Kooperationen, gesellschaftlicher Verantwortung, Leitbildern und Kultur begründet sind. Sie spielen eine gewichtige Rolle, wenn es darum geht, dass Unternehmen sich zwar optimieren, jedoch dieses nicht grundsätzlich zu Lasten der sozialen Systeme tun, sondern eine verantwortungsvolle Position innerhalb der Gesellschaft bzw. einer Region einnehmen.

Die besondere Bedeutung von Produktion und Wertschöpfung für den Wirtschaftsstandort Deutschland einerseits und das Merkmal einer stark KMU-geprägten Unternehmensstruktur als wirtschaftsregionaler Stabilitätsfaktor andererseits, charakterisieren wesentliche Erfolgsfaktoren der wirtschaftlichen Leistungsfähigkeit am Standort Deutschland. Produzierende Unternehmen stehen jedoch vor erheblichen Herausforderungen. Zunehmende Komplexitätskosten durch eine stetig steigende Variantenvielfalt sowie Kosten für globalagierende Supply-Chains entlang der Wertschöpfungskette erfordern den Einsatz immer neuer Strategien und Maßnahmen für eine erfolgreiche und nachhaltige Positionierung im Markt (Schaffer 2010, S. 8-16). Je weniger ein Unternehmen eine Nischenposition besetzt oder von anderen starken Alleinstellungsmerkmale profitieren kann, desto stärker ist es im Regelfall dem Kostendruck und dem Konkurrenzkampf um Marktanteile ausgesetzt, der sich heute auch für KMU schnell auf globaler Ebene zutragen kann. Um die Wettbewerbsfähigkeit zu erhalten, oder einer schwierigen Marktsituationen zu begegnen, bleiben der Abbau komparativer Kostennachteile, die Nähe zu Schlüsselkunden oder die Erschließung neuer Absatzmärkte die führenden Motive strategischer Standortentscheidungen (Kinkel und Maloca 2009, S. 6-7). Eine Vorgehensweise, die heute nicht mehr nur den großen Unternehmen zuzuordnen ist, sondern aufgrund geringerer Hürden oder der Erweiterung der europäischen Gemeinschaft vermehrt KMU betrifft (vgl. Wildemann 2005, S. 9).

Die mit beiden Beweggründen einhergehenden Auswirkungen auf Unternehmen, Beschäftigte und die betroffene Region können sehr gegenläufig sein. Während die Erschließung ausländischer Märkte durch die Generierung von Umsatzwachstum die Arbeitsplätze an deutschen Standorten durchaus absichern kann, sind die häufig angestrebten kostengetriebenen Produktionsverlagerungen vielfach mit gravierenden Problemen für Arbeitsmarkt und soziale Systeme am Ursprungsort behaftet. Insbesondere konjunkturschwache Phasen, die mit hohen Arbeitslosenquoten verbunden sind, lassen Standortverlagerungen ins Ausland zu wirtschafts- und sozialpolitischen Problemen werden, deren Auswirkungen in der Heimatregion massiv zu spüren sind.

In der Fallstudie wird ein Verlagerungsszenario behandelt, dessen wesentliche Triebfeder in der Senkung der Lohnkosten besteht. Hierbei wird den Bearbeiterinnen und Bearbeitern die in Lüneburg ansässige Innova-Q AG vorgestellt, die vor einer schwerwiegenden Entscheidung steht und zudem mit einigen regionalen Konflikten und Hindernissen in Berührung gerät. Nach einer intensiven Auseinandersetzung mit der Problemstellung und der dazugehörigen Sachlage sollen sich die Teilnehmerinnen und Teilnehmer mit viel Fingerspitzengefühl in die konfliktäre Situation des Vorstandes der Innova-Q AG hineinversetzen. Welches ist der richtige Weg? Ziel ist es, sich als gute Strategin oder guter Stratege zu bewähren und möglichst viele Facetten der anstehenden Entscheidung zu beleuchten und sich dabei stets der weitreichenden Konsequenzen des eigenen Handelns bewusst zu sein.

Während der Bearbeitung des Falls können die Teilnehmerinnen und Teilnehmer auf zusätzliche Informationen zu den Themengebieten der Standortfaktoren, Standortplanung und möglichen Bewertungstools zurückgreifen oder diese Themenfelder durch eigene Recherchen ausweiten. Mögliche Einflüsse und Anreize einer Standortverlagerung sollten in Erfahrung gebracht und im historischen Kontext beleuchtet werden. Ursachen und Probleme, die mit Verlagerungen sowie Rückverlagerungen einhergehen, sollten ebenfalls analysiert werden. Abschließend werden Möglichkeiten der Unternehmensoptimierung in einer Gesellschaft unter Bezugnahme auf „Corporate Social Responsibility" (CSR) anhand von Beispielen erörtert, um die Verantwortung von Unternehmen innerhalb eines sozialen Systems aufzuzeigen und Best-Practice-Beispiele vorzustellen.

1.2 Zielsetzung

Unternehmen treffen ihre Entscheidungen über Aufbau, Verlagerung und Schließung von Standorten vor allem unter betriebswirtschaftlichen Aspekten. Volkswirtschaftliche und gesellschaftliche Aspekte, wie politische, juristische und soziale Gestaltungsparameter im Sinne einer Gesamtoptimierung sind weniger ausschlaggebend und werden bei anstehenden Standortfragen kaum in den Entscheidungsprozess einbezogen. Zudem sind Aufwand und Detaillierungsgrad für eine qualifizierte Standortanalyse aufgrund der für KMU typischen generellen Ressourcenknappheit (finanzielle Ressourcen und fehlende Managementkapazität) ein kaum zu leistendes Unterfangen. Weitere externe Einflussfaktoren, z. B. baurechtliche Einschränkungen oder hohe Steuerbelastungen am Ursprungsort, wirken wie Katalysatoren auf Standortverlagerungen, sodass die einmal getroffenen Entscheidungen normalerweise nicht gesamthaft optimal sind, sondern neben den benannten regionalen Problemen – wirtschaftlicher und sozialer Art – auch hohe Risikopotenziale für die Unternehmen selbst bergen. Viele weitere Störfaktoren werden ebenfalls nicht rechtzeitig erkannt oder zunächst unterschätzt. Hierzu zählen beispielsweise der organisatorische Aufwand einer Produktionsverlagerung oder Erweiterung ins Ausland, Hochlaufzeiten der Fertigung, die deutlich aufwändiger und zeitintensiver sind als ursprünglich eingeplant, abfallende Produktqualität oder kulturelle Unterschiede und damit einhergehende Konflikte und Hindernisse.

Kenntnisse über die Reichweite der Auswirkung solcher Managemententscheidungen sind daher eine Grundvoraussetzung, um sowohl für das Unternehmen als auch für die soziale Umgebung möglichst profitable aber auch verantwortungsvolle Entscheidungen treffen und steuern zu können. Daher besteht das Ziel dieser Fallstudie darin, den Teilnehmerinnen und Teilnehmern die wesentlichen Aspekte und Konsequenzen von Produktionsverlagerungsszenarien näher zu bringen und sie zu befähigen, die relevanten Zusammenhänge kritisch zu reflektieren und daraus bestmögliche Entscheidungen abzuleiten, die auf mehr als lediglich einer betriebswirtschaftlichen Bewertung der Alternativen beruhen.

1.3 Erläuterung zur Fallstudie

Los geht es für Sie mit der Fallbeschreibung: Neben der Story verschafft die Unternehmensvorstellung einen ersten Eindruck bezüglich der Ausgangssituation der Innova-Q AG und stellt sowohl die Unternehmenshistorie als auch die Hauptakteure vor. Ein weiterer Fokus liegt auf der Unternehmensorganisation und den gewachsenen Strukturen sowie auf den erzeugten Produkten, eingesetzten Materialien, Fertigungsprozessen und -technologien unter Berücksichtigung der Besonderheiten des derzeitigen Standorts. Anschließend wird die zentrale Fragestellung vorgestellt, die direkt an die Aufgabenstellungen gebunden ist.

Viele in der Fallbeschreibung dokumentierte Gesprächsausschnitte, Meinungen und Zitate entstammen den entstammen den mit den Kooperationsunternehmen geführten Interviews. Sie bilden damit reale Sichtweisen und Stimmungen zu verschiedenen Themenkomplexen ab. Um mehrere Kooperationspartner in die Fallentwicklung einzubinden und die dabei generierte Menge an Eindrücken und Informationen zu verarbeiten, ist im Rahmen dieser Fallstudie ein in Lüneburg ansässiges fiktives Unternehmen entstanden. Die Innova-Q AG ist demnach kein real existierendes Produktionsunternehmen, bildet jedoch eine authentische Unternehmenssituation mit typischen Problemstellungen ab, die es zu lösen gilt.

Fallentstehung 2

2.1 Die Kooperationen

Der nachfolgende Fall ist in Kooperation mit sechs Unternehmen des Konvergenzgebietes[1] Lüneburg entstanden. Durch Interviews mit Geschäftsführern, Betriebsleitern und Inhabern konnten wertvolle Informationen hinsichtlich der Standortattraktivität der Region sowie zum Standort Deutschland generiert werden, die in die Fallstudie eingeflossen sind. Wichtige Einflussfaktoren, welche die Verlagerung oder Erweiterung von Unternehmen bedingen aber auch verhindern, sind hierbei diskutiert und bewertet worden. Neben der betriebswirtschaftlichen Unternehmenssituation spielen aus Sicht der Unternehmer die Themen Bürokratie, bau- und steuerrechtliche Aspekte, vorhandene Infrastruktur, Synergieeffekte aus Kooperationen und die Verfügbarkeit von Fach- und Führungskräften sowie weiterer Ressourcen wesentliche Rollen, wenn es darum geht, die eigenen Unternehmensstandorte zu bewerten und potenzielle Standorte zu lokalisieren.

Um ein möglichst umfassendes Bild nachzuzeichnen, wurden im Rahmen der Auswahl der Kooperationspartner kleine und mittlere Unternehmen (KMU) verschiedener Branchen und Standorte des Konvergenzgebietes einbezogen. Neben produzierenden Unternehmen konnte auch ein Handelsunternehmen für die kooperative Fallstudie gewonnen werden.

---

[1]Inkubator-Konvergenzgebiet: Die Region Lüneburg wurde in der Förderperiode 2007-2013 des Europäischen Strukturfonds als Zielregion „Konvergenz" klassifiziert. Konvergenzgebiete sind dadurch gekennzeichnet, dass ihr Pro-Kopf-Bruttoinlandsprodukt (BIP) unter 75 % des Durchschnitts der Europäischen Union liegt (EU-15) und sie deshalb einer besonderen Förderung bedürfen.

2.2 Danksagung

Dank gilt folgenden Unternehmen: CLAGE GmbH aus Lüneburg, Joachim Behrens Scheeßel GmbH aus Scheeßel, Impreglon Oberflächentechnik GmbH aus Lüneburg, UVEX Safety Gloves GmbH & Co. KG aus Lüneburg, Werkhaus Design + Produktion GmbH aus Bad Bodenteich und Winkelmann Elektromotoren GmbH & Co. KG aus Uelzen. Alle sechs beteiligten Unternehmen waren Ideengeber und damit Antrieb für die Entstehung dieser Fallstudie. Ohne die Zusammenarbeit, die weitreichenden Einblicke in die unternehmensinternen Entscheidungsprozesse und die detaillierten Erfahrungsberichte von Geschäftsführern, Betriebs- und Produktionsleitern hätte die Fallstudie nicht dieselbe Authentizität und denselben Grad an Relevanz gewonnen.

Workload für Teilnehmer   3

Im aufgeführten Workload in Abb. 3.1 bezieht sich je ein Aufgabenblock auf Erfahrungswerte im Rahmen der Einzelbearbeitung der Fallstudie und kann daher nur ein Richtwert sein.

Aufgabenblock	Thema des Aufgabenblocks	Bearbeitungsdauer (ø)
0	Einarbeitung (Sichten bzw. Lesen der verfügbaren Dokumente ggf. erste Recherchetätigkeiten)	4-5 Std.
1	Standortbewertung	10-12 Std.
2	Selbstkosten und Kapitalstrukturen	9-11 Std.
3	Wirtschaftlichkeitsberechnungen I	12-14 Std.
4	Potenzialanalyse	9-10 Std.
5	Wirtschaftlichkeitsberechnungen II	8-10 Std.
6	Abschließende betriebswirtschaftliche Bewertung	6-8 Std.
7	Einfluss auf die Region (CSR)	10-11 Std.
8	Transfer zwischen Fallstudie und eigener beruflicher Erfahrung	3-4 Std.
9	Erstellung der Ergebnispräsentation	15-18 Std.
Abschluss	Präsentation der Ergebnisse mit anschließender Diskussion *	2-4 Std.
	* Dauer je nach Teilnehmerzahl oder Gruppengrößen	88-107 Std.

Abb. 3.1 Workload für Teilnehmer

© Springer-Verlag GmbH Deutschland 2017
I. Deharde, *Produktionsentscheidung*,
DOI 10.1007/978-3-662-53998-9_3

Fallbeschreibung 4

4.1 Aufbruch oder Abbruch, das ist hier die Frage ...

In Wahrheit nützt mir nicht, was mir allein nützt, sondern was dem Mitmenschen, der Gemeinschaft, der Gesellschaft nützt. (Carl Friedrich von Weizsäcker)

The social responsibility of business is to increase its profit. (Milton Friedman)

4.1.1 Abstract

In Lüneburg rumort es, die Gerüchte um das Wegbrechen der Produktion der Innova-Q AG haben sich schneller verbreitet, als es den Vorständen lieb ist. Besorgt nehmen Stadt und umliegende Gemeinden die Neuigkeiten wahr und erkennen hierin ein schwerwiegendes Problem für die Wirtschaftsregion Lüneburg. Viele Arbeitsplätze sind betroffen, die Sozialkassen würden belastet, die Kaufkraft ließe nach und neben den fehlenden Steuereinnahmen wäre auch der Entfall des sozialen Engagements des Unternehmens zu beklagen. Ein typischer Konflikt aus wirtschaftlichen Interessen und sozialen Folgewirkungen bahnt sich am Standort Lüneburg in Niedersachsen an und muss kurzfristig gelöst werden.

Die aus einem Familienbetrieb entstandene mittelständische Innova-Q AG produziert im Industriegebiet „Lüneburger Hafen" Küchen- und Badezimmerarmaturen und hat sich in den vergangenen Jahren eine führende Position im deutschen Markt erarbeitet. In letzter Zeit hat sich jedoch der Wettbewerb mit den großen deutschen Konkurrenzunternehmen deutlich verstärkt und der Preisdruck ausländischer Billiganbieter ist ebenfalls zu einem Problem für die Innova-Q AG geworden. Vor diesem Hintergrund hat der Unternehmensvorstand beschlossen, kurzfristig auf die sich anbahnenden Probleme zu reagieren, sich neu auszurichten und die bisher verfolgten Strategien zu überprüfen und ggf. anzupassen. In diesem Zusammenhang wird der Produktionsleiter der Innova-Q AG mit einer schwierigen Aufgabe betraut. Er muss innerhalb kürzester Zeit Konzepte und Lösungsansätze für eine deutliche Reduzierung der derzeitigen Fertigungskosten liefern, da ansonsten die Verlagerung der Fertigung, z. B. nach Rumänien, unausweichlich zu sein scheint. Hierbei kommen ihm aber nicht nur betriebsinterne Uneinigkeiten in der Führungsebene in die Quere, sondern auch ein schlagfertiger Betriebsrat sowie das wachsame Auge von Medien und Öffentlichkeit.

4.1.2 Die Herausforderung

Martin Hartwig, Produktionsleiter der Innova-Q AG, kann kaum glauben, was er da eben gehört hat. So etwas ist ihm in 30 Jahren Betriebszugehörigkeit nicht passiert! Er ist schockiert, erschöpft und macht sich Sorgen um die Zukunft. Um die Zukunft seiner Firma, die Zukunft seiner Mitarbeiter und Kollegen und auch um seine eigene. Alles hat er mitgemacht: den Neubau der Produktionshallen und des Verwaltungsgebäudes im Hafen des Elbe-Seitenkanals in Lüneburg, den gesamten Umzug des Unternehmens in die neuen Räumlichkeiten, manches Auf und Ab, wirtschaftliche und firmeninterne Krisen und auch Aufschwünge, und jetzt das: Wie hat es der Vorstand gesagt?

> … wir haben keine Wahl, entweder bringen Sie die Fertigungskosten runter, und zwar nicht zu knapp, oder wir verlagern die Fertigung nach Jucu bei Cluj in Rumänien. Herr Hartwig, wir wollen da in Kürze Konzepte von Ihnen sehen. 15 % müssen her, sonst haben wir keine Alternative, der Wettbewerb frisst uns langsam aber sicher auf, wir können nicht länger warten! Stellen Sie sich ein Team zusammen, wir brauchen konkrete Maßnahmen mit Kostensenkungspotenzialen. Sicher werden wir nicht um betriebsbedingte Kündigungen herumkommen… Prüfen Sie nach, welche Stellen wir streichen können, ohne uns die Produktion zu blockieren… und vor allem: Versuchen Sie Frau Riesner auf unsere Seite zu ziehen, sie ist als Betriebsratsvorsitzende nicht zu unterschätzen. In Kürze werden wir Frau Riesner über unsere Situation und mögliche Alternativen informieren müssen.

Argumente hatten sie viele genannt, warum man über alternative Standorte nachdenken müsse. Die Kosten, insbesondere die Lohn- und Transportkosten, seien in Deutschland zu hoch, die rechtlichen Rahmenbedingungen zu schwierig, die umliegenden Flächen für eine Ausweitung der Fertigung ungeeignet oder käuflich nicht zu erwerben, und der Fachkräftemangel mache sich obendrein auch

4.1 Aufbruch oder Abbruch, das ist hier die Frage ...

bemerkbar. Arthur Heins, Sohn des Firmengründers und Vorstand für Vertrieb und Marketing bemerkt:

> In den Armaturen steckt nun mal ein großer Anteil Handarbeit, was die Produkte zwar einerseits so speziell und beliebt macht, andererseits aber auch für enorme Personalkosten sorgt. Das wissen Sie ja selbst am besten, Herr Hartwig. Nachdem die Rohstoffpreise für Kupfer und Zink heftig gestiegen sind, müssen die Personalkosten nun runter oder der Output hoch, am besten beides! Andernfalls sind wir in kürzester Zeit nicht mehr wettbewerbsfähig, was dann folgt, wollen wir hier und heute nicht an die Wand malen.

Deshalb habe man schon vor Monaten entschieden, ein externes Team von Beratern und Spezialisten in Sachen Standortplanung zu aktivieren, um geeignete Alternativen zu einem Fertigungsstandort in Lüneburg zu finden. Dabei habe sich gezeigt, dass man in Rumänien die meisten der genannten Probleme wunderbar umschiffen könne und damit gut 20 % der derzeitigen Fertigungskosten einspare. Der Mobiltelefonhersteller Nokia habe es ja gezeigt. In Cluj (Rumänien) ließe sich kräftig sparen, außerdem stünde man bereits mit der Stadt über den Erlass der Immobiliensteuer in Verhandlung. Dass der Nokia-Konzern seine Tore in Rumänien bereits wieder geschlossen hat, habe nichts mit dem Standort zu tun, sondern ausschließlich mit der Tatsache, dass sich der Mobiltelefonmarkt nun mal in Asien abspiele. Und natürlich denke man auch an die Belegschaft. Jedoch sei niemandem damit geholfen, wenn die Innova-Q AG irgendwann handlungsunfähig und im schlimmsten Falle sogar geschlossen würde. Bernhardt Landner, Vorstand für Entwicklung und Produktion, dazu:

> Das ist doch übertrieben! Ich sage es ja schon die ganze Zeit. Sie machen hier wieder den zweiten Schritt vor dem ersten, Herr Kollege Heins! Überprüfen Sie noch mal in Ruhe Ihre Motive, meinen Sie nicht, dass hier der Profit an erster Stelle steht? Sie haben ja wohl noch nie etwas von gesellschaftlicher Verantwortung gehört, wie? Da werden Sie aber noch kräftig Gegenwind kriegen, das kann ich Ihnen heute schon sagen!

Heinrich Donnermann, der als Aufsichtsratsvorsitzender für die heutige Besprechung hinzu gerufen wurde, greift ein:

> Meine Damen und Herren, ich sehe schon, das Thema Verlagerung und die notwendigen planerischen Tätigkeiten sind noch lange nicht ausgegoren, geschweige denn abgeschlossen. Was Sie hier tun, ist mehr als bedenklich. Solche Entscheidungen trifft man auf Grundlage geeigneter und aussagekräftiger Wirtschaftlichkeitsberechnungen und Szenario-Analysen, nicht aber auf Basis einiger weniger Informationen aus zweiter Hand. Das wäre wirklich grob fahrlässig! Sie sollten, wenn Sie meinen Rat

denn hören wollen, nun alles daran setzen, Herrn Hartwig in seiner Aufgabe tatkräftig zu unterstützen, andernfalls läuft hier alles aus dem Ruder und Sie gelangen schneller bei Ihrem Schließungs-Szenario an, als Ihnen lieb sein kann, Herr Heins!

Das Ende der Besprechung verläuft entsprechend knapp und zügig. Und während noch die Verabschiedung der Beteiligten im Gange ist, eilt Henriette Augustin, Vorstand für Einkauf und Personal, auf Herrn Hartwig zu.

Herr Hartwig, seien Sie gewiss, auch wir könnten uns schönere Themen für unsere heutige Besprechung vorstellen. Einkauf, Marketing und Vertrieb sowie Teile der Entwicklung bleiben ja auf jeden Fall weiterhin in Lüneburg. Wir sind ja gerne bereit, von einer Verlagerung der Fertigung abzusehen. Um das zu unterstützen, benötigen wir aber jetzt Ihren Einsatz und ihre Ideen, Herr Hartwig. Wir können keine Zeit verlieren. In zwei Monaten müssen wir erste Ergebnisse sehen.

Der Vorstand, vertreten durch Henriette Augustin, hat nun auch die Personalverantwortung an ihn, Martin Hartwig, übertragen, der dem Unternehmen seit knapp 30 Jahren treue Dienste leistete und zu allem Überfluss jeden einzelnen seiner Mitarbeiterinnen und Mitarbeiter gut und mit Namen kennt. Es geht um 130 Arbeitsplätze in Produktion, Lager und Montage...

Hartwig öffnet die Augen wieder. Lange hat er nachgedacht. Die drückende Last der nun bevorstehenden Aufgabe und sein eigenes schlechtes Gewissen der Belegschaft gegenüber breiten sich in ihm aus. Eines ist klar: Er wird kaum 15 % der Fertigungskosten einsparen können, ohne dabei um den befürchteten Personalabbau herumzukommen. Es hilft alles nichts, er muss handeln und jede verfügbare Energie in die bevorstehende Aufgabe investieren! In seinem Kopf fangen erste Ideen an zu kreisen:

Durchlaufzeiten runter, Output hoch, Effizienzanalyse der Prozesse, Arbeitsinhalte prüfen, Qualifizierungsmatrix erstellen und dann ... die eine oder andere betriebsbedingte Kündigung...?

▶ „Aufbruch oder Abbruch, das ist hier die Frage!"

4.2 Vorstellung des Unternehmens

Die Innova-Q AG ist ein innovativer Produzent von Armaturen für Bäder und Küchen. Das Unternehmen ist seit seiner Gründung im Jahre 1981 als Familienunternehmen in Lüneburg angesiedelt und zeichnet sich heute durch Technologieführerschaft in vielen

4.2 Vorstellung des Unternehmens

Fertigungsprozessen sowie durch die besonders wassersparenden und mehrfach ausgezeichneten Produkte aus.

Gegründet als Sanitär-Installations-Dienstleister im Lüneburger Stadtzentrum, lagen die Schwerpunkte des Familienunternehmens zunächst auf Installations- und Reparaturarbeiten. Damals unter dem Namen „Heins Sanitärtechnik GmbH" bekannt, wurde infolge der sich stetig weiterentwickelnden Fertigung von Ersatzteilen für Armaturen, Ventile und Rohrleitungen Mitte der 1990er Jahre die Ausgliederung der Teilefertigung in das Industriegebiet Lüneburger Hafen unter dem Namen „Innova-Q GmbH" vorgenommen. Nach einer Phase starken Wachstums erfolgte wenige Jahre später die Änderung der Gesellschaftsform in eine AG.

„Technologie, Qualität und Design im Einklang mit ökologischer Wasserverwendung" ist der Slogan, der das Unternehmen deutschlandweit bekannt gemacht hat und den die drei Vorstände stets im Zusammenhang mit der Innova-Q AG nennen. Zu den Produkten der Innova-Q AG berichtet Bernhardt Landner, Vorstand für Entwicklung und Produktion Folgendes:

> Neben dem Produktdesign kommt es also insbesondere auf die „inneren Werte" an, denn die Kartuschen, Durchflussbegrenzer und Luftsprudler sind für den sparsamen Wasserverbrauch verantwortlich und bündeln die jahrelangen Forschungsarbeiten und Erfahrungen der Entwickler in den Produkten.
>
> Die Premium-Produktsparte erzielt so eine Wasserersparnis von bis zu 34 % gegenüber herkömmlichen Armaturen, während die etwas preisgünstigere Custom-Produktsparte immerhin noch bei einer Wasserersparnis von etwa 22 % liegt. Beide Produktkategorien zeichnen sich durch ihren typischen Wasserperleffekt aus, der durch die beigemischte Luft entsteht und damit für eine beinahe gleichbleibende Wasserstrahlfülle sorgt. Dieses besondere Merkmal der Innova-Q-Produkte ist von den Marktkonkurrenten bisher unerreicht geblieben und stellt einen wesentlichen Wettbewerbsvorteil für das Unternehmen dar.

Als Vorstand für Entwicklung und Produktion weiß Bernhardt Landner sehr genau um die Kernkompetenzen des Unternehmens und ist häufig gefordert, wenn es um Kostensenkungsmaßnahmen in der Fertigung geht und Kompromisse geschlossen werden müssen. Obwohl die Produktqualität kundenseitig ein entscheidendes Kriterium ist, gerät er nicht selten mit seinen Vorstandskollegen, Arthur Heins (Marketing und Vertrieb) und Henriette Augustin (Einkauf und Personal), in hitzige Diskussionen. Landner dazu:

> Technologien, Qualität, gutes Personal und hochwertige Materialien haben eben ihren Preis. Wer ganz oben mitspielen will, kann nicht immer nur an der Kostenschraube

in der Fertigung, Entwicklung oder im Einkauf drehen, sondern muss auch andere Bereiche wie Marketing und Vertrieb oder aber auch den Verkaufspreis in Betracht ziehen!

Glücklicherweise erfreut sich Herr Landner jedoch eines sehr guten Kontaktes zum Aufsichtsrat der Innova-Q AG, Heinrich Donnermann, der in seiner beratenden Tätigkeit für das Unternehmen Landners Vorschlägen häufig positiv gegenüber steht.

4.2.1 Vorstellung der Hauptakteure

Prof. Dr.-Ing. Heinrich Donnermann Aufsichtsratsvorsitzender
Geboren am 18.10.1951 in Soest/Westfalen

1970 – 1977	Maschinenbaustudium an der RWTH Aachen
1977 – 1984	Wissenschaftlicher Mitarbeiter und Promotion
1984 – 1988	Abteilungsleiter bei einem Maschinenbauunternehmen
1988 – 1992	Unternehmensberater
1992 – 2005	Professor an der Fachhochschule Nordostniedersachsen
Seit 2005	Professor an der Leuphana Universität Lüneburg
Seit 2003	Aufsichtsrat der Innova-Q AG

Über sich selbst und die Innova-Q AG:

> Die vergangenen Jahre waren prägend für das Unternehmen und haben mich und meine Kollegen, die drei Vorstände, aber auch die Bereichsleiter und die Belegschaft, vor immer neue Herausforderungen gestellt. Das Unternehmen ist stets im Wandel und auch jetzt merke ich, dass sich eine neue Situation anbahnt. Offenbar gibt es im Vorstand verschiedene Zukunftsvisionen und Pläne, die anscheinend durchaus sehr konträr sind und bereits verschiedentlich zu Auseinandersetzungen geführt haben.
>
> Ich vertrete die Anteilseigner und nehme die Aufsichtsfunktion im Unternehmen wahr. Außerdem stehe ich dem Unternehmen und besonders den Vorständen beratend zur Seite und profitiere dabei häufig von den gesammelten Erfahrungen aus meiner Beraterzeit. Man sagt mir eine ausgleichende Art nach, die mir sicher immer dann zugute kommt, wenn es darum geht, die Wogen im Vorstand zu glätten. Insbesondere unser Vorstand für Marketing und Vertrieb, Arthur Heins, schießt in letzter Zeit gerne einmal über das Ziel hinaus, indem er seiner Rolle als Sohn des Unternehmensgründers zu viel Gewicht beimisst.

Arthur Heins Vorstand (Marketing und Vertrieb)
Geboren am 16.03.1968 in Lüneburg/Niedersachsen

1987 – 1990   Ausbildung zum Bankkaufmann
1990 – 1996   BWL-Studium
1996 – 2003   Assistent der Geschäftsführung bei der Innova-Q GmbH
Seit 2003   Vorstand der Innova-Q AG

Über sich selbst und die Innova-Q AG:

> Meine Tätigkeit als Vorstand der Innova-Q AG nehme ich sehr ernst, gerade auch vor dem Hintergrund, dass mein Vater, der Gründer der Heins-Sanitärtechnik GmbH, den Grundstein für unser gesamtes Konzept gelegt hat. Die Tatsache, dass ich direkt nach der Ausbildung und dem Studium in das Unternehmen eingestiegen bin, hat dazu geführt, dass ich viel um meine Autorität kämpfen musste und selbst heute noch muss. Ich bemerke schon, dass einige Personen hier im Unternehmen der Meinung sind, es fehle mir an Erfahrung und am nötigen Weitblick.
>
> Unsere Produkte sind seit Jahren einfach richtig gut, sodass wir kräftig wachsen konnten und auch die vergangene Krise einigermaßen unbeschadet überstanden haben. Jedoch konnten wir nach der letzten Wirtschaftskrise nicht mehr an unsere vorherigen Wachstumszahlen anknüpfen. Deshalb müssen wir jetzt unbedingt unsere Kosten in der Fertigung und Entwicklung herunterfahren. Das sage ich ja schon jahrelang! Aber wenn man hier nicht einfach mal Sachen anpackt und ausprobiert, passiert natürlich nichts. Etwas mehr Unterstützung auch aus der Leitungsebene wäre hier angebracht.

Dr. Henriette Augustin Vorstand (Einkauf und Personal)
Geboren am 14.08.1959 in Bremen

1979 – 1985   Studium Wirtschaftsingenieurwesen (Logistik)
1985 – 1989   Promotion
1989 – 1993   Projektleiterin Einkauf bei einem Warenversandhaus
1993 – 2003   Einkaufsleiterin bei einem Flurförderzeughersteller
Seit 2003   Vorstand der Innova-Q AG

Über sich selbst und die Innova-Q AG:

> In meinen bisherigen Einkaufstätigkeiten hatte ich es entweder mit Handelswaren oder aber mit dem Zukauf von Komponenten bei einer nur sehr geringen eigenen Fertigungstiefe zu tun. Bei der Innova-Q AG stellt sich die Situation etwas anders dar. Heute beschäftige ich mich viel mehr mit dem strategischen Einkauf von Rohstoffen und bemerke hierbei sehr viel stärker als früher die Abhängigkeiten vom Weltmarkt.

Gerade unsere Hauptproduktbestandteile Kupfer und Zink haben in den vergangenen Jahren erhebliche Preissteigerungen erfahren. Um handlungsfähig zu bleiben, brauchen wir unbedingt ein zweites Standbein. Die Einführung der Custom-Produkte war sicher ein Schritt in die richtige Richtung, jedoch bin ich der festen Überzeugung, dass unsere Produkte noch besser in anderen, neuen Märkten etabliert werden könnten.

Einfach nur an der Kostenschraube zu drehen und die Produktion in ein Niedriglohnland zu verlegen, ist meiner Ansicht nach viel zu kurzfristig gedacht. Offenbar sieht mein Kollege, Herr Heins, hier vor lauter Kostensenkungspotenzialen auch alle damit einhergehenden Risiken nicht. Ich habe das alles schon einmal mitgemacht...

Außerdem kann man doch der Belegschaft nach jahrlangem treuem Dienst für das Unternehmen, auch in Zeiten der Krise (!), nicht einfach kündigen.

Dr. Bernhardt Landner Vorstand (Entwicklung und Produktion)
Geboren am 09.10.1966 in Hamburg

1986 – 1992	Studium Wirtschaftsingenieurwesen (Produktionstechnik)
1992 – 1996	Promotion
1996 – 1999	Projektingenieur bei einem Automobilzulieferer
1999 – 2003	Produktionsleiter bei einem mittelständischen Maschinenbauunternehmen
2003 – 2008	Betriebsleiter bei einem mittelständischen Maschinenbauunternehmen
Seit 2008	Vorstand der Innova-Q AG

Über sich selbst und die Innova-Q AG:

Anders als meine beiden Vorstandskollegen bin ich erst seit 2008 in meiner jetzigen Position für die Innova-Q AG tätig. Mein Vorgänger wurde nach seiner ersten fünfjährigen Amtszeit nicht wiedergewählt, weil er offenbar die gewünschten Ergebnisse nicht erreicht und die angestrebten Unternehmensziele nicht entsprechend unterstützt hat.

Also habe ich ausgerechnet zu Beginn der Finanz- und Wirtschaftskrise meinen Vorgänger abgelöst und einen wesentlichen Fokus auf die effizientere Gestaltung von Fertigung und Entwicklung gelegt. Alle Bereiche mussten straffer organisiert werden und auch heute gibt es noch erhebliche Potenziale, die durch geeignete Maßnahmen zu heben sind.

Im Gegenteil zu meinem Kollegen, Arthur Heins, bin ich der festen Überzeugung, dass man durch die Optimierung unseres derzeitigen Standortes hinsichtlich Flächen, Wertschöpfungsgrad sowie den Ausbau von Netzwerken ein hocheffizientes

4.2 Vorstellung des Unternehmens

Unternehmen schaffen kann, das kostengünstig und flexibel Spitzenprodukte erzeugt und dadurch auf dem globalen Markt konkurrenzfähig ist. Oder wie sagt man doch gleich so schön: Eine Produktion in kurzer Zeit 20 % effizienter zu machen, ist einfacher und weniger riskant als diese zu verlagern.

Martin Hartwig Produktionsleiter
Geboren am 13.03.1962 in Lüneburg/Niedersachsen

1982 – 1984	Ausbildung zum Installateur bei der Heins Sanitärtechnik GmbH
1984 – 1990	Studium Verfahrenstechnik
1990 – 1996	Leiter der Ersatzteil-Fertigung bei der Heins Sanitärtechnik GmbH
1996 – 2003	Produktionsleiter bei der Innova-Q GmbH
Seit 2003	Produktionsleiter bei der Innova-Q AG

Über sich selbst und die Innova-Q AG:

Als Mitarbeiter der ersten Stunde kenne ich das Unternehmen, die Mitarbeiter und die Anforderungen an unsere Produkte besser als die meisten anderen hier. Im Großen und Ganzen würde ich sagen, dass ich großes Vertrauen sowohl von der Führungsebene als auch von meinen Mitarbeitern genieße. Treten Probleme auf, bin ich meist eine der ersten Anlaufstellen oder werde zumindest um Rat gefragt.

In letzter Zeit werden die Stimmen lauter, dass das Unternehmen vor einem Umbruch steht. Lange Zeit wurde ich nicht ins Vertrauen gezogen, hörte aber gerüchteweise von größeren Eingriffen bezüglich des Standortes an sich, was mir sehr zu denken gibt.

Nun haben sie ja vor wenigen Tagen die Katze aus dem Sack gelassen und mir von dem Verlagerungsszenario berichtet. Ich bin nun schon solange für die Innova-Q AG bzw. die Heins Sanitärtechnik GmbH tätig und sage ganz deutlich, dass man so große Eingriffe besser planen muss. Es wird schwer werden das den Leuten beizubringen. Ich habe meine Arbeit immer gerne gemacht, aber nun stehe ich da und muss Personal abbauen, sodass den Mitarbeitern in der Fertigung schon jetzt angst und bange wird. Wie soll ich denn so noch für Motivation sorgen?

Es wäre wünschenswert gewesen, wenn hier von Anfang an mit offenen Karten gespielt worden wäre, so wie es früher immer üblich war. Nun muss ich sehen, was ich in der Kürze der Zeit tun kann

Susanne Riesner Technische Produktdesignerin und Betriebsratsvorsitzende
Geboren am 17.06.1976

1995 – 1998	Ausbildung als technische Produktdesignerin
1998 – 2004	Technische Produktdesignerin bei einem Hersteller für Durchlauferhitzer
2004 – 2009	Technische Produktdesignerin bei der Innova-Q AG
Seit 2008	Betriebsratsvorsitzende
Seit 2009	Abteilungsleiterin des technischen Produktdesigns

Über sich selbst und die Innova-Q AG:

Bei meinem vorherigen Arbeitgeber hatten wir keinen Betriebsrat und dieser war offenbar von der Leitungsebene auch nicht erwünscht... Umso stärker war natürlich mein Engagement, als kurze Zeit nach meinem Wechsel zur Innova-Q AG die Gründung eines Betriebsrates aktuell wurde. Seit 2008 bin ich nun Betriebsratsvorsitzende. Zwar bin ich unseren Vorständen sicher immer mal ein Dorn im Auge, allerdings scheinen meine Kollegen recht zufrieden mit mir zu sein.

Bislang konnten wir schon einige Besserungen hinsichtlich der Familienfreundlichkeit des Unternehmens erzielen und auch die Arbeitsbedingungen in der Fertigung unter ergonomischen Gesichtspunkten deutlich verbessern. Ich verstehe ja, dass solche Dinge mit teilweise nicht unerheblichen Kosten verbunden sind, jedoch finde ich es schade, dass die Interessen der Arbeitnehmer häufig eine so untergeordnete Rolle im Tagesgeschäft erhalten und dass die Verhandlungen mit der Leitungseben häufig sehr schnell auf ein beinahe persönliches Niveau gelangen.

Ich gebe gerne zu, dass man es mit mir als Verhandlungspartnerin nicht immer leicht hat, jedoch muss der Vorstand sich an einigen Stellen auch über unsere Reaktionen nicht wundern. Wir machen uns große Sorgen, was wohl mit unserer Firma in den kommenden Jahren geschieht... Die Gerüchte über eine mögliche Verlagerung der Produktion haben sich ja nun bewahrheitet. Da kann sich der Vorstand aber auf heftige Gegenwehr vorbereiten, falls es zu Entlassungen kommt! Da werden wir sicher nicht kampflos zusehen, die ersten Stimmen aus der Öffentlichkeit sind ja auch schon laut geworden.

4.2.2 Unternehmenshistorie

Die Abb. 4.1 zeigt einen Überblick über die Geschichte der Innova-Q AG.

4.2 Vorstellung des Unternehmens

1981
- Gründung der Heins-Sanitärtechnik GmbH durch Johann Heins

1990
- Zukauf einer Werkstatthalle nahe des Lüneburger Stadtzentrums
- Aufnahme der Ersatzteil-Fertigung für erste Armaturenkomponenten

1996
- Gründung der Innova-Q GmbH, Arthur Heins wird Assistent der Geschäftsführung
- Aufbau eines Produktionsstandortes im Industriegebiet Lüneburger Hafen

1999
- Anbau einer weiteren Produktionshalle inklusive Hochregallager

2000
- Herzstück der Armatur wird eine extrem wassersparende Kartusche in Kombination mit einem Durchflussbegrenzer

2001
- Die Innova-Q GmbH gewinnt den Lüneburger Mittelstandspreis

2003
- Änderung der Gesellschaftsform in die Innova-Q AG
- Innerhalb von drei Jahren verdoppelt sich der Absatz auf 350.000 Einheiten

2005
- Einführung der Produktsparten Premium und Custom und damit Erweiterung des bisherigen Sortiments um eine kostengünstigere Produktlinie (oder -reihe)

2006
- Ein neuer, moderner Verwaltungstrakt entseht auf dem Gelände der Innova-Q AG im Lüneburger Hafen

2007
- Einführung des neuentwickelten Luftsprudlers, der durch den Wasserperleffekt auch bei geringem Wasserverbrauch für eine optimierte Wasserstrahlfülle sorgt

2010
- Einführung der Produktionshalle um einen Anbau für die F&E-Abteilung
- Die Anzahl der Mitarbeiter übersteigt erstmals die Zahl 200

Heute
- Die Innova-Q AG gehört zu den fünf größten Armaturenherstellern in Deutschland
- Derzeit werden etwa 1 Mio. Einheiten pro Jahr abgesetzt (stagnierend)
- Die Zahl der Mitarbeiter ist wieder auf 185 gesunken

Abb. 4.1 Unternehmenshistorie

4.2.3 Organigramm der Innova-Q AG

Das Organigramm der Innova-Q AG (Abb. 4.2) gibt einen Überblick über die fünf Unternehmensbereiche F&E, Produktion, Vertrieb, Einkauf und Personal. Insgesamt gliedert sich das Unternehmen dabei in bis zu fünf Hierarchieebenen auf.

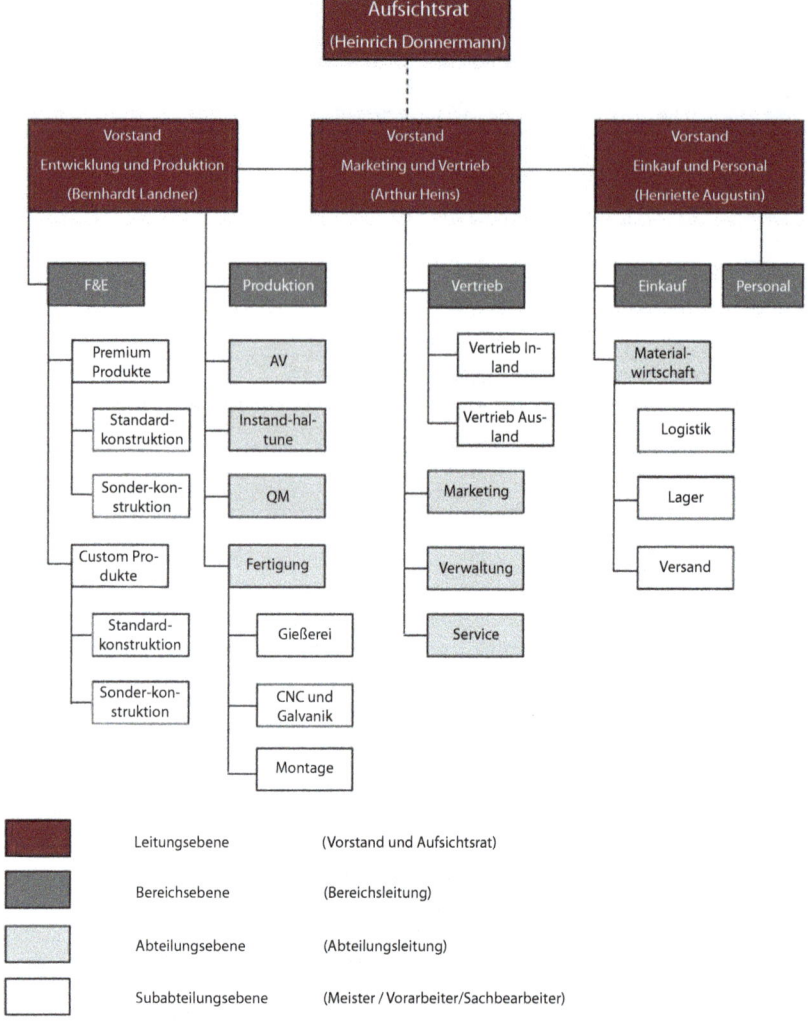

Abb. 4.2 Organigramm der Innova-Q AG

4.2 Vorstellung des Unternehmens

	Fläche [m²]	Flächenanteil [%]	Anzahl Mitarbeiter
Gesamt	5.500	100	185
Gießerei	825	15	32
Produktionshalle	1.100	20	40
Montagehalle	1.485	27	46
F&E	440	8	10
Lager	990	18	12
Verwaltung (inkl. GF)	660	12	24
Außendienst/ Service	-	-	21

Abb. 4.3 Verteilung Flächen und Mitarbeiter

Die Verteilung von Flächen und Personal zu den einzelnen Bereichen (Abb. 4.3) gibt Aufschluss über die Unternehmensgröße.

4.2.4 Markt

Mit einer Produktionsmenge von etwa einer Million Armatureneinheiten im Geschäftsjahr 2014 und einem damit einhergehenden Umsatz von etwa 23,5 Mio. € ist die Innova-Q AG im Vergleich zu den großen deutschen Konkurrenten eher ein kleinerer Anbieter im Bereich der Armaturenproduktion. Gemessen am Umsatz nimmt das Unternehmen bundesweit den fünften Rang in der Branche ein. Der größte Absatzmarkt der Innova-Q AG ist nach wie vor Deutschland, jedoch rechnet der Vorstand in diesem Jahr immerhin mit einem Absatzanteil von etwa 25 % in den bisher bedienten internationalen Märkten. Für die Premium-Produkte sind Österreich, Belgien und die Schweiz die größten ausländischen Abnehmer, wohingegen sich bei den Custom-Produkten ein zunehmender Absatztrend in den osteuropäischen Ländern erkennen lässt.

Der größte deutsche und auch gleichzeitig internationale Konkurrent ist die Greho AG, die bereits heute 80 % des Jahresumsatzes von 980 Mio. € im Ausland erwirtschaftet. An zweiter Stelle folgt die Hanseat Metallwerke AG, welche im Geschäftsjahr 2014 einen Jahresumsatz von rund 212 Mio. € erzielt hat und ebenfalls sehr stark auf dem internationalen Markt vertreten ist. Neben diesen beiden Unternehmen gibt es im deutschen Markt eine Reihe weiterer Armaturenhersteller, die ebenfalls mittelständisch angesiedelt sind, jedoch anders als die Innova-Q AG eher Standardarmaturen fertigen, dadurch weniger stark im Premiumsegment vertreten sind und ebenfalls bei Weitem nicht die Innovationskraft der Innova-Q AG aufweisen.

So kommt der Innova-Q AG zwar zunächst der Vorteil eines Nischenproduzenten zugute, jedoch lassen sich insbesondere in den vergangenen Jahren besorgniserregende Trends bei der Greho AG erkennen, die darauf hinweisen, dass sich das Unternehmen mit einer Innovationsrate von 25 % (alle zwei Jahre) stärker auf individuelle Kundenwünsche ausrichtet und sich damit von stückzahlorientierten Standardarmaturen hin zu einem sehr kundenorientierten Hersteller bewegt. Dieser empfindliche Eingriff in die Nische der Innova-Q AG führt zwar nach wie vor nicht zu einem Abrücken vom bisherigen Geschäftsmodell, dennoch lässt sich beobachten, dass neben der Premium-Produktsparte auch die 2005 eingeführte Custom-Produktsparte als zweites Standbein des Unternehmens stärker ausgebaut wird, um so sowohl den Markt für hochwertige Designprodukte als auch für etwas günstigere, aber trotzdem hochwertige Standardprodukte abzudecken und damit eine gute Positionierung am Markt zu erlangen.

Neben den deutschen Armaturenherstellern gibt es noch einige große Handelsunternehmen, die im Ausland, vorzugsweise in Asien, produzierte Ware nach Deutschland importieren und in den meisten Fällen sehr kostengünstig an Baumärkte und Discounterketten vertreiben. Obwohl diese Importware keinen direkten Eingriff in die Marktanteile der Innova-Q AG erzeugt, da sowohl das Design als auch die Qualität nicht vergleichbar sind, hat eine im vergangenen Jahr durchgeführte Umfrage ergeben, dass das Preisempfinden potenzieller Kunden durch die extrem günstigen Importprodukte in ein Ungleichgewicht geraten ist, wodurch die Produkte der Innova-Q AG vielfach als zu teuer bewertet werden. Diese Erkenntnis und die Tatsache, dass die Qualität der importierten Produkte sich stetig verbessert, üben einen erheblichen Preisdruck auf das Unternehmen aus. Insgesamt zeichnet sich also ab, dass die Innova-Q AG aufgrund der zwei Produktsparten zwar heute eine gute Marktpositionierung aufweist, sich jedoch weder der Konkurrenz mit den großen Unternehmen bezüglich der Premium-Produktsparte, noch dem Preisdruck durch Importware hinsichtlich der Custom-Produktsparte entziehen kann.

Zu den Kunden der Innova-Q AG gehören im Wesentlichen Handwerksbetriebe und Sanitärausstatter, die die Armaturen direkt an die Endkunden vertreiben, sowie Hersteller von Küchen und renommierte Einrichtungshäuser, die das Sortiment der Innova-Q AG in ihr Produktportfolio aufgenommen haben. Innova-Q-Armaturen finden sich daher sowohl in privaten Haushalten als auch in der Gastronomie, in Hotels, in kulturellen und öffentlichen Einrichtungen und, im Rahmen einer der letzten Aufträge, in Kürze sogar auf Kreuzfahrtschiffen wieder.

4.2.5 Beschreibung der Ausgangssituation und Kontext

4.2.5.1 Produktbeschreibung und Kennzahlen

Das Kerngeschäft der Innova-Q AG beinhaltet die Herstellung von Spültisch- und Badezimmerarmaturen sowie Brausen- und Duschpaneelen. Entsprechendes Zubehör wie Schläuche und Wandhalterungen sind in der Regel Zukaufteile und werden von regionalen Zulieferern bezogen.

Die oben genannten Produkte werden jeweils in einer Premium- und einer Custom-Ausführung hergestellt und unterscheiden sich dann hauptsächlich in der Wassersparquote sowie in der Strahlfülle, der Wasseraustrittslautstärke sowie der Anzahl der Oberflächenvarianten (siehe Abb. 4.4).

Der durchschnittliche Erlös pro Armatureneinheit liegt bei 23,50 €, sodass sich basierend auf den Selbstkosten von durchschnittlich 17,88 € pro Einheit der Rohgewinn bei etwa 23,9 % bewegt. (Betrachtet man den Gewinn nach Steuern, liegen die Selbstkosten pro Stück bei 19,56 € und die Gewinnmarge bei 16,77 %).

Die Abb. 4.5 zeigt die Umsatzzahlen sowie den Gewinn der Innova-Q AG.

	Premium	Custom
Wassersparquote	34 % (Verhältnis Luft zu Wasser = 4 : 1)	22 % (Verhältnis Luft zu Wasser = 3 : 1)
Wasserstrahlfülle	A	B
Wasseraustrittslautstärke	Klasse 1 (< 20 dB)	Klasse 2 (20-30 dB)
Oberflächenvarianten	Poliert / matt / vergoldet	Poliert / matt
Bewegungssensor	optional	-
LED-Beleuchtung	optional	-

Abb. 4.4 Vergleich Premium und Custom-Ausführung

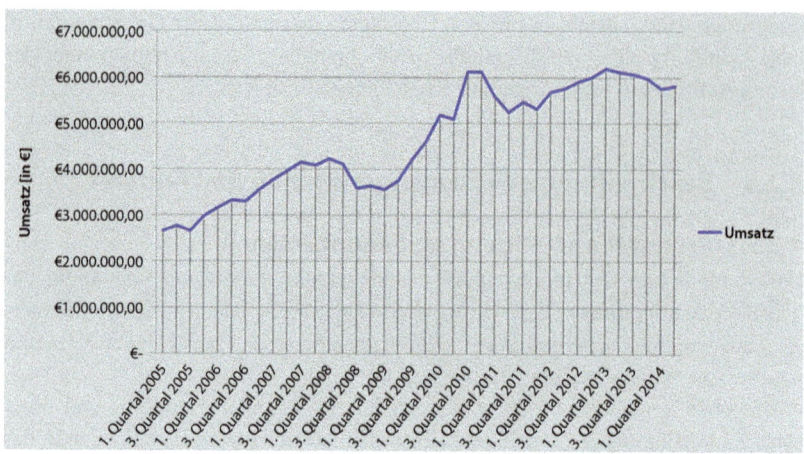

Jahresumsatz 2013: 24,32 Mio. €

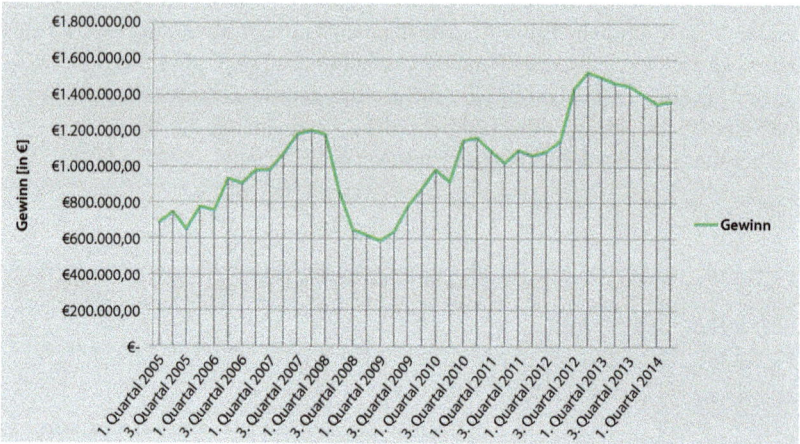

Gewinn vor Steuern 2013: 5,81 Mio. €

Abb. 4.5   Umsatzzahlen und Gewinn der Innova-Q AG

4.2.5.2 Fertigung

Die Herstellung der Innova-Q-Armaturen ist mit einer sehr hohen Fertigungstiefe und vielen manuellen Tätigkeiten verbunden. Die einzelnen Prozessschritte lassen sich nach den einzelnen Produktionshallen aufteilen:

In der Gießerei ...

Kernschießen:
Im ersten Fertigungsschritt wird mit Harz, Härter und Silikonöl versetzter Quarzsand zu einem Sandkern verbacken. Dies geschieht bei etwa 250 °C und 3,5 bar Druck im Kernschießautomaten.

Säubern/Entgraten:
Nach der Herstellung der Sandkernrohlinge erfolgt die halbautomatische Säuberung, Entgratung und Prüfung auf Vollständigkeit der Sandkerne. Eine Weiterverwendung der Kerne kann erst nach einer Trocknungsphase von 24 Stunden vorgenommen werden.

Zentralschmelze:
Zeitgleich zu den beiden vorgenannten Schritten erfolgt die sogenannte Zentralschmelze. Bei etwa 1080 °C wird eine Legierung aus Kupfer und Zink (Messing) eingeschmolzen.

Halbautomatisches Gießen:
Nach dem manuellen Einlegen der Gießkerne erfolgt der automatische Gießvorgang. Anschließend werden die Gussteile auf einer Kühlstrecke herunter gekühlt und entsandet.

Handgießen:
Bei kleineren Produktchargen werden die Armaturteile auch von Hand gegossen. Dies erfordert sehr viel Erfahrungswissen hinsichtlich der Gießgeschwindigkeit und der Zusammensetzung der Legierungen.

Probeschleifen/Probesägen:
Dieser Prozessschritt beinhaltet die stichprobenartige Untersuchung der Rohlinge aus den verschiedenen Gussautomaten. Qualität und Materialbeschaffenheit wird hierbei überprüft. Es folgt die Entgratung.

Schleifen/Polieren/Glätten:
Anschließend werden alle Gutteile geschliffen, poliert und geglättet.

In der Produktionshalle ...

CNC-Bearbeitung:
In einem CNC-Bearbeitungszentrum werden Gewinde und Bohrungen in die Rohlinge geschnitten. Die Bestückung ist durch Roboter automatisiert. Anschließend erfolgt eine Druckprüfung der Rohlinge.

Galvanisierung:
In den verschiedenen Galvanikbädern werden die Rohlinge ultraschall-gereinigt, vernickelt und verchromt.

In der Montagehalle ...

Endmontage:
In der Endmontage werden die Armaturen aus bis zu 30 Einzelteilen manuell montiert und auf ihre Funktion sowie die Dichtigkeit überprüft.

Die Kernelemente der Armaturen, die Kartuschen, Durchflussbegrenzer und Luftsprudler werden in zahlreichen automatisierten Montagevorgängen hergestellt. Abschließend werden die Produkte für den Versand verpackt und ins das Versandlager überführt.

Alle Rohstoffreste und -abschnitte sowie Späne aus dem gesamten Produktionsablauf werden gesammelt und wiederverwertet. Besondere Umweltauflagen muss die Innova-Q AG somit hauptsächlich bei den Galvanikbädern beachten.

4.3 Zentrale Fragestellung

Nachdem Sie nun die derzeitige Situation der Innova-Q AG kennengelernt haben, Kenntnisse über die Entstehung des Unternehmens sowie dessen Besonderheiten erlangt haben und sich nicht zuletzt auch ein Bild von den Hauptakteuren machen konnten, muss nun die nachfolgende zentrale Frage beantwortet werden:

▶ „Verlagern, ja oder nein?"

Helfen Sie dem Vorstand der Innova-Q AG bei der Entscheidungsfindung!
Um geeignete Entscheidungsparameter zu entwickeln, verwenden Sie bitte die im Rahmen der Fallstudie zur Verfügung gestellten Informationen und Materialien. Hier wird auch noch einmal der Fokus auf die Sichtweise der Wirtschaftsregion

4.3 Zentrale Fragestellung

Lüneburg gelegt, um Ihnen einen Eindruck bezüglich der Probleme und Bedenken der Bürgerinnen und Bürger und der Bedeutung einer Verlagerung für die gesamte Region zu vermitteln.

Die nachfolgenden Aufgabenstellungen helfen Ihnen bei einer detaillierten Wirtschaftlichkeitsbetrachtung des Verlagerungsszenarios. Um einen möglichst breiten Eindruck zu erlangen, besteht ebenfalls die Möglichkeit, sich durch die angefügten Materialien, Medien und Literatur sowie durch eigene Recherchen mit bekannten Verlagerungsfällen auseinanderzusetzen, um die Vor- und Nachteile sowie die resultierenden Konsequenzen besser einschätzen zu können. Abschließend sollten Sie ebenfalls eigene Erfahrungen hinsichtlich der Verlagerung von Unternehmen an andere Produktionsstandorte einfließen lassen, um zu einer möglichst umfassenden Entscheidung zu gelangen.

Viel Erfolg!

Aufgabenstellungen 5

Nehmen Sie sich genügend Zeit, die Unterlagen sorgfältig zu lesen. Bedenken Sie stets, dass die nachfolgende Situation durchaus real sein könnte. Handeln Sie daher bitte nach bestem Wissen und Gewissen, denn die Probleme der Innova-Q AG sind von großem Ausmaß und natürlich drängt die Zeit. Schnelle und dennoch fundierte Entscheidungen müssen her, um Schaden von Unternehmen und Gesellschaft abzuwenden. Alles hängt ab jetzt von Ihrer Entscheidung ab!

5.1 Aufgaben zur Standortbewertung

Aufgabe 1a – Ausgangssituation und die Handlungsalternativen Fassen Sie kurz in eigenen Worten die Ausgangssituation und die Handlungsalternativen der Innova-Q AG zusammen. Welche relevanten Fakten zum Verlagerungsvorhaben konnten Sie bereits der Fallbeschreibung entnehmen?

Aufgabe 1b – Bewertung der kostengetriebenen Aussagen des Vorstandes Bewerten Sie die kostengetriebenen Aussagen des Vorstandes zu Beginn der Fallstudie. Lassen Sie zusätzlich die harten Standortfaktoren der Standortanalyse des externen Beraterteams in Ihre Betrachtungen einfließen. Die entsprechenden Informationen finden Sie in der in Abb. 5.1 dargestellten Tabelle. Wo liegen demnach die Vorteile eines Produktionsstandortes in Rumänien?

Aufgabe 1c – weitere Standortfaktoren/Vergleich und Bewertung Bitte recherchieren Sie weitere relevante Standortfaktoren für einen potenziellen Standort in Rumänien. Als mögliche Informationsquelle eignet sich beispielsweise das Dokument „Building the optimal global footprint" von AT Kearney, das Sie online

Harte Standortfaktoren: Rumänien und Deutschland im Standortvergleich

Kostenblock	Rumänien	Deutschland
Arbeitskosten	3,39 €/Std.	Ost: 21,11 €/Std. West: 36,05 €/Std.
Energiekosten	8,03 Cent/KWh	9,00 Cent/KWh
Arbeitslosenquote	7,3 %	5,5 %
Bildung: Bevölkerung mit Sek. II-Abschluss oder höher	74,3 %	85,8 %
Rohstoffverfügbarkeit (Inland) Für Kupfer und Zink	Zink- und Kupfervorkommen vorhanden. Nur wenig verarbeitende Industrie.	Zink- und Kupfervorkommen vorhanden. Verarbeitende Industrie jedoch verbreiteter
Infrastruktur: Entfernung zu: Autobahn/Flughafen/Güterbahnhof/Hafen	Jucu: 220/15km/25km/---	Lüneburg: 10km/80km/45km/60km
Zinssatz der Zentralbank	7,43 %	1,87 %
Fremdkapitalkosten	4,05 %	0,87 %
Umsatzsteuer	24,00 %	19 %
Unternehmensbesteuerung (Körperschaftsteuern, Gewerbeertragsteuern und vergleichbare andere Steuern des Zentralstaats und der Gebietskörperschaften)	16,00 % (vom Gewinn)	29,83 % (inkl. 5,50 % Solidaritätszuschlag) (vom Gewinn)
Grunderwerbssteuer	1,00 – 3,00 %	4,50 %

Abb. 5.1 Faktorkosten

recherchieren können (vgl. Kearny 2005). Vergleichen und bewerten Sie anschließend Deutschland und Rumänien als Produktionsstandorte in einer SWOT-Analyse (Stärken, Schwächen, Chancen, Risiken) miteinander und fassen Sie Ihre Haupterkenntnisse in einem Fazit zusammen. Beschränken Sie sich bitte jeweils auf die wesentlichen Erkenntnisse.

Aufgabe 1d – Kritikpunkte oder Schwachstellen der externen Beratung
Nachdem Sie nun Rumänien und Deutschland als Produktionsstandorte in einer SWOT-Analyse bewertet haben, stellt sich die Frage, welche Aspekte vermutlich bisher vom Management und auch von der externen Beratung nicht ausreichend beleuchtet worden sind? Gibt es Kritikpunkte oder Schwachstellen? Nennen und erläutern Sie diese. Für weitere relevante Informationen bietet sich beispielsweise die Studie „Produktionsverlagerung und Rückverlagerung in Zeiten der Krise" (Kinkel und Spomenka 2009) vom Fraunhofer ISI (Institut für System- und Innovationsforschung) an. Das Dokument kann ebenfalls online recherchiert werden.

Aufgabe 1e – Gewichtung der Standortfaktoren und anschließende Bewertung
Gewichten Sie aus Ihrer Perspektive die weichen Standortfaktoren in der für

diese Aufgabe hinterlegten Tabelle *MM-Case-Study-Aufgabe1e-Tabelle.xls* nach ihrer Relevanz für die Innova-Q AG. Führen Sie anschließend die Bewertung der weichen Standortfaktoren für beide Standorte in derselben Tabelle durch. Bitte führen Sie hierzu eine Online-Recherche zu beiden Standorten (Lüneburg und Cluj) durch.

Nutzen Sie für die Gewichtung und Bewertung die Tabellenvorlage (*MM-Case-Study-Aufgabe1e-Tabelle.xls*), füllen Sie die Felder aus und berechnen Sie die Summen.

Aufgabe 1f – Diskussion der Gewichtung der Standortfaktoren Begründen Sie die von Ihnen gewählte Gewichtung der Standortfaktoren aus Aufgabenteil 1e) und bewerten Sie Ihr Gesamtergebnis ausführlich. Sind die weichen Standortfaktoren im Vergleich zu Lüneburg Ihrer Ansicht nach ausreichend erfüllt? Gehen Sie in Ihren Erläuterungen auf die Ihrer Meinung/Erfahrung nach drei wichtigsten Faktoren ein.

5.2 Aufgaben zu den Selbstkosten und Kapitalstrukturen

Aufgabe 2a – Vergleich der Selbstkosten der beiden Standorte Die Innova-Q AG hat gemeinsam mit der externen Beratung ein Szenario hinsichtlich der zu erwartenden Selbstkosten am Standort Jucu erarbeitet. Die Szenarioanalyse soll Aufschluss über die zu erwartende Reduktion der Selbstkosten *nach* einer Verlagerung und einem erfolgreichen Produktionshochlauf geben.

Als Ausgangsbasis werden die Daten des Geschäftsjahres 2013 der Innova-Q AG verwendet. Die für dieses Jahr ermittelte Produktionsmenge, der Umsatz sowie die entstandenen Selbstkosten am Lüneburger Standort werden einem Produktionsszenario in Jucu gegenübergestellt. Für den Produktionshochlauf selbst wird eine Zeitspanne von etwa einem Jahr angenommen, da die Innova-Q AG davon ausgeht, dass Rumänien als europäisches Land nicht so große Hürden und Barrieren mit sich bringt, wie beispielsweise eine Verlagerung nach Asien.

Vergleichen Sie die Szenario-Selbstkosten in Jucu mit den tatsächlichen Selbstkosten in Deutschland (Lüneburg) aus 2013. Zu welchem rationalen Ergebnis kommen Sie hierbei vorerst? Bei welchen Kostenblöcken stellen Sie interessante Unterschiede fest? Versuchen Sie diese zu interpretieren. Alle notwendigen Informationen finden Sie in Abb. 5.2 und Abb. 5.3.

Was fällt Ihnen auf, wenn es die Produktivität beider Standorte zu bewerten gilt? Um diese zu berechnen, müssen Sie die Absatzmenge für 2013 selbst herleiten. Bitte interpretieren Sie Ihr Ergebnis.

5 Aufgabenstellungen

Kostenblock		Innova-Q AG		Sonstige betriebl. Aufwendungen (SBA)	Innova-Q AG	
Materialkosten		7.170.999,95 €	(35,4%)	Unternehmensbesteuerung (Vom Gewinn)	1.733.635,56 €	(51,6%)
Personalkosten	Direkte Fertigungskosten	6.366.708,40 €	(31,5%)	Energiekosten (für 865,7 MWh)	779.130,00 €	(23,8%)
	Fertigungsoverhead	1.595.240,00 €	(7,9%)	Kosten der Warenabgabe	395.398,00 €	(11,8%)
	Einkauf	419.248,50 €	(2,1%)	Versicherung	118.000,00 €	(3,5%)
	Forschung & Entwicklung	689.550,00 €	(3,4%)	Fahrzeugkosten	124.250,50 €	(3,7%)
	Verwaltung	362.106,35 €	(1,8%)	Reparatur und Instandhaltungskosten	102.560,00 €	(3,1%)
Sonstige betriebl. Aufwendungen (SBA)		3.361.454,56 €	(16,6%)	Werbe- und Reisekosten	59.550,50 €	(1,8%)
Abschreibungen		273.422,50 €	(1,4%)	Kosten für Abfallentsorgung	39.645,50 €	(1,2%)
Summe (Selbstkosten)		20.238.780,26 €		Versand und Porto	9.285,00 €	(0,3%)
				Summe	3.361.454,56 €	

Umsatz aus 2013 → 24.316.813,00 €

Abb. 5.2 Kostenblöcke der Innova-Q AG am Lüneburger Standort (2013)

Kostenblock		Innova-Q AG		Sonstige betriebl. Aufwendungen (SBA)	Innova-Q AG	
Materialkosten		6.991.724,95 €	(43,5%)	Unternehmensbesteuerung (Vom Gewinn)	1.316.323,59 €	(43,2%)
Personalkosten	Direkte Fertigungskosten	1.910.012,52 €	(11,9%)	Energiekosten (für 865,7 MWh)	695.157,10 €	(22,8%)
	Fertigungsoverhead	1.754.764,00 €	(10,9%)	Kosten der Warenabgabe	525.879,34 €	(17,3%)
	Einkauf	503.098,20 €	(3,1%)	Versicherung	141.600,00 €	(4,7%)
	Forschung & Entwicklung	827.460,00 €	(5,1%)	Fahrzeugkosten	99.400,40 €	(3,3%)
	Verwaltung	579.370,16 €	(3,6%)	Reparatur und Instandhaltungskosten	76.920,00 €	(2,5%)
Sonstige betriebl. Aufwendungen (SBA)		3.044.871,35 €	(18,9%)	Werbe- und Reisekosten	148.538,17 €	(4,9%)
Abschreibungen		478.489,38 €	(3,0%)	Kosten für Abfallentsorgung	17.840,25 €	(0,6%)
Summe (Selbstkosten)		16.089.790,56 €		Versand und Porto	23.212,50 €	(0,8%)
				Summe	3.044.871,35 €	

Umsatz aus 2013 → 24.316.813,00 €

Abb. 5.3 Kostenblöcke der Innova-Q AG am Standort in Cluj (Szenario)

5.2 Aufgaben zu den Selbstkosten und Kapitalstrukturen

Es gelten folgende Werte:

- Umsatz 2014: 23.500.000 €
- Absatz 2014: 1.000.000 Elemente
- Umsatz 2013: 24.316.813 €
- Lohnkosten Lüneburg: 36,05 €/Std.
- Lohnkosten Jucu: 3,39 €/Std.

(Zusatz 1: Die angegebenen Lohnkosten entsprechen jeweils dem landesweiten Durchschnitt sowie einem Querschnitt durch unterschiedliche Qualifikationsniveaus. Zur Vereinfachung nehmen wir diese Lohnkostensätze in allen Aufgaben als korrekt an).

(Zusatz 2: Die Informationen zu Umsatz- und Absatzmengen können Sie bereits der Fallbeschreibung und den vorhergehenden Aufgaben entnehmen. Es ist notwendig, die Absatzmengen für 2013 selbst herzuleiten).

Aufgabe 2b – Fremd-/Eigenkapital Leiten Sie bitte aus Abb. 5.4 die Fremd- und Eigenkapitalquote der Innova-Q AG ab.

Wie schätzen Sie die Robustheit und die Risikotragfähigkeit des Unternehmens ein? Bitte nennen Sie Ihre Einschätzung der Situation und führen Sie hierfür eigene Recherchen zur Eigenkapitalausstattung von KMU durch. Eine mögliche Quelle kann das Arbeitspapier „Anmerkungen zur Eigenkapitalquote im deutschen Mittelstand" vom Institut für Mittelstandsforschung in Bonn (siehe Adenäuer und Haunschild 2008) sein.

Fremdkapital	Innova-Q AG
Fremdkapital im Unternehmen Inkl. Investitionsvorhaben -> Verlagerung	20.254.388, 00 €
Fremdkapitalquote	
Eigenkaital	Innova-Q AG
Eigenkapital im Unternehmen	12.626.112,00 €
Eigenkapitalquote	

Abb. 5.4 Fremd- und Eigenkapitalquoten der Innova-Q AG

Symbol	Bedeutung
E	Eigenkaptial im Unternehmen
D	Fremdkapital im Unternehmen
V	Gesamtwert des Unternehmens
k^E	Verzinsungsanspruch der Eigenkapitalgeber
k^D	Verzinsungsanspruch der Fremdkapitalgeber
s_c	Unternehmenssteuerrate

Fremdkapitalkosten sind steuerlich abzugsfähig!

Finanzkennzahlen	Wert
Risikofreier Zinssatz	4,50 %
Durchschnittliche Verzinsung am Aktienmarkt	12,80 %
Objektives Marktrisiko	
Beta-Faktor	1,5
Subjektives Marktrisiko	
Geforderte EK-Verzinsung	
Effektiver Fremdkapitalzins	5,50 %
Unternehmensbesteuerung	29,83 %
Fremdkaptialkosten	

Abb. 5.5 Marktrisiko

Aufgabe 2c – Berechnung von Marktrisiken, Verzinsung und Fremdkapitalkosten bzgl. einer Investition der Innova-Q AG Nachdem nun erste Kenntnisse hinsichtlich der finanziellen Aufstellung der Innova-Q AG vorliegen, geht es im nächsten Schritt um die Risiken einer möglichen Investition in einen neuen Produktionsstandort.

Berechnen Sie hierfür zunächst die Werte für die beiden leeren Tabellenfelder für das objektive und das subjektive Marktrisiko einer Investition für die Innova-Q AG. Die entsprechende Tabelle mit den notwendigen Werten finden in Abb. 5.5.

Berechnen Sie zusätzlich die in derselben Tabelle in Abb. 5.5 geforderte Eigenkapitalverzinsung sowie die Fremdkapitalkosten. Beachten Sie dabei, dass die Fremdkapitalkosten steuerlich abzugsfähig sind.

Aufgabe 2d – Berechnung des durchschnittlichen Kapitalkostensatzes Berechnen Sie nun mit Hilfe der unten aufgeführten Formeln den WACC-Wert für die Innova-Q AG. Die Bedeutung der einzelnen Parameter finden Sie in der in Abb. 5.6 dargestellten Tabelle.

Der gewichtete durchschnittliche Kapitalkostensatz wird von vielen Unternehmen verwendet, um die Mindestrendite für Investitionsprojekte zu bestimmen. Bitte bewerten Sie anschließend Ihr Ergebnis.

$$WACC = \left(\frac{E}{V}\right) \cdot k^E + \left(\frac{D}{V}\right) \cdot k^D (1 - s_c) \text{ wobei } V = D + E$$

5.3 Aufgaben zur Wirtschaftlichkeitsberechnung I

Symbol	Bedeutung
E	Eigenkapital im Unternehmen
D	Fremdkapital im Unternehmen
V	Gesamtwert des Unternehmens
k^E	Verzinsungsanspruch der Eigenkapitalgeber
k^D	Verzinsungsanspruch der Fremdkapitalgeber
S_C	Unternehmenssteuerrate

Abb. 5.6 Symbolbedeutung

Aufgabe 2e – Veränderung des Kapitalkostensatzes unter Bezugnahme landesspezifischer Einflüsse Der gewichtete durchschnittliche Kapitalkostensatz (WACC) muss unter dem Gesichtspunkt landesspezifischer Einflüsse angepasst werden. Hierfür kann üblicherweise eine sogenannte Risikoprämie angesetzt werden. Bitte gehen Sie davon aus, dass die Risikoprämie bei einer Verlagerung von Deutschland nach Rumänien mit 4,81 % zu bewerten ist.
(Deutschland = 0,0 %, Rumänien = 4,81 %).
Wie lautet anschließend der korrekte WACC-Wert für Rumänien? Wie erklären Sie sich diesen nicht unerheblichen Zuschlag auf den Ursprungswert?
Wie schätzen Sie generell das Investitionsklima in Rumänien ein? Welche Empfehlungen haben Sie diesbezüglich für die Innova-Q AG? Informieren Sie sich beispielsweise auf der Seite des GTAI (Germany Trade and Invest) (http://www.gtai.de) über das Investitionsklima sowie Chancen und Risiken auf dem rumänischen Markt, oder führen Sie eigene Online-Recherchen durch.

5.3 Aufgaben zur Wirtschaftlichkeitsberechnung I

Aufgabe 3a – Berechnung des Umsatzdeltas zwischen beiden Produktionsstandorten In diesem Aufgabenblock geht es insgesamt um die Berechnung der

Amortisationsdauer einer möglichen Investition in einen neuen Produktionsstandort sowie um die Rentabilität eines solchen Vorhabens.

Im ersten Schritt errechnen Sie bitte das Umsatzdelta, das sich aus den prognostizierten Umsätzen für beide Standorte ergibt. Hierbei muss von zwei Szenarien ausgegangen werden:

1) Die Produktion verbleibt in ihrem derzeitigen Zustand in Lüneburg.

Es ist aus derzeitiger Sicht davon auszugehen, dass der Umsatz am Standort Lüneburg in den kommenden Jahren (bestenfalls) stagnieren würde, da zuletzt aufgrund der Ihnen bereits bekannten Probleme der Innova-Q AG kaum noch ein Wachstumstrend zu erkennen war. (Vereinfachte Sichtweise).

2) Die Produktion wird nach Jucu verlagert.

In Jucu hingegen ist in den ersten fünf Jahren nach der Investition mit einem Umsatzwachstum von etwa 10 % p.a. zu rechnen, da einerseits neue Märkte erschlossen werden und aufgrund der günstigen Produktionsbedingungen weitere Synergieeffekte entstehen können. So kann die Innova-Q AG durch die geringeren Fertigungskosten besser mit den großen Konkurrenten im deutschen Markt mithalten und die eigenen Produkte günstiger anbieten. Ab dem sechsten Jahr sollte aufgrund der schwierigen Prognostizierbarkeit etwas konservativer gerechnet werden und ein Umsatzwachstum von 5 % p.a. angenommen werden.

Die Umsatzprognosen für beide Szenarien betreffen einen Gesamtzeithorizont von zehn Jahren. Nach weiteren Recherchen und der Durchführung von Szenario-Analysen unter zusätzlicher Einbindung des externen Beraterteams kommt der Vorstand der Innova-Q AG zu dem Ergebnis, dass im Jahr der Investition (2015) der Umsatz nur 75 % des Lüneburger Umsatzes betragen wird.

Bitte identifizieren Sie auch das Jahr, in dem Jucu erstmals annähernd den gleichen Jahresumsatz wie der Lüneburger Standort erzielt und wie lange es zusätzlich dauert, bis der Umsatzverlust aus den Anlaufjahren „aufgeholt" wurde. (Ggf. müssen Sie für die Berechnung eine Hilfszeile zum Kumulieren der Werte einfügen).

Verwenden Sie für Ihre Berechnungen bitte die Tabellenvorlage *(MM-Case-Study-Aufgabe3a-Tabelle_L.xls)* für diese Aufgabe und zeigen Sie dort die geforderten Zeitpunkte grafisch auf.

Aufgabe 3b – Hochlauf der Produktion Aus Aufgabe 3a ging bereits hervor, dass eine detailliertere Szenario-Analyse zu dem Ergebnis geführt hat, dass der

5.3 Aufgaben zur Wirtschaftlichkeitsberechnung I

Umsatz im Jahr der Investition/Verlagerung deutlich geringer ausfällt als ursprünglich angenommen. Erst im vierten Jahr wird ein Umsatzniveau erreicht, das annähernd dem der Ausgangssituation in Lüneburg entspricht.

Erinnern Sie sich an die erste Annahme des Vorstandes der Innova-Q AG zur Hochlaufzeit der Produktion in Jucu aus Aufgabe 2a? Wodurch könnte diese Fehleinschätzung begründet sein?

Aufgabe 3c – Aufstellung der Gesamtinvestition und Berechnung der jährlichen Zahlungsüberschüsse Um die Amortisationszeit für ein mögliches Verlagerungsprojekt korrekt zu ermitteln, müssen alle aus der Investition heraus resultierenden Cash Flows erfasst und in die Berechnung einbezogen werden.

a. Tragen Sie zunächst das in Aufgabe 3a errechnete Umsatzdelta für die Jahre 2015 bis 2025 in die Tabellenvorlage *(MM-Case-Study-Aufgabe3c-Tabelle.xls)* für diese Aufgabe ein. Es handelt sich hierbei um die Umsatzveränderungen, die durch die Investition in den neuen Standort verursacht werden.

Gehen Sie in den nachfolgenden Teilaufgaben jeweils von der Selbstkostenaufstellung beider Standorte des Ausgangsszenarios für 2013 (Aufgabe 2a) aus.

b. Vergleichen Sie im nächsten Schritt die direkten Fertigungskosten und die Overheadkosten für beide Standorte und tragen Sie die einfache Kosten-Differenz für das Verlagerungsjahr 2015 in die Tabellenvorlage ein. Gehen Sie anschließend für beide Kostenblöcke davon aus, dass…
- die Lohnkosten in Lüneburg um 3,5 % p.a. steigen und der Personalbestand konstant bleibt, würde die Produktion am Ursprungsort bestehen bleiben.
- bei einer Verlagerung der Produktion nach Jucu die Lohnkosten in den ersten fünf Jahren nach der Investition um 3 % p.a. steigen. Anschließend steigt das Lohnkostenniveau um 5,5 % p.a., was durch die Ansiedlung weiterer Industrie-Unternehmen und infrastrukturelle Weiterentwicklung der Region Jucu/Cluj zu begründen ist. Die Personalwachstumsrate liegt dauerhaft bei 7 % p.a.

Bilden Sie für die Jahre 2016 bis 2025 jeweils die Kosten-Differenzen (unter gleichzeitiger Beachtung der genannten Wachstumsraten) und tragen Sie diese in die benannte Tabellenvorlage *(MM-Case-Study-Aufgabe3c-Tabelle.xlsx)* ein.

c. Vergleichen Sie die Kosten für Einkauf, F&E und Verwaltung für beide Standorte und tragen Sie die einfache Kosten-Differenz für das Verlagerungsjahr 2015 in die Tabellenvorlage *(MM-Case-Study-Aufgabe3c-Tabelle.xlsx)* ein. Beachten Sie dabei, dass zwar der Einkauf sowie Teile der F&E und der Verwaltung am Heimatstandort verbleiben, jedoch durch die Verlagerung Zusatzkosten z. B. durch Betreuungsmehraufwände entstehen. Die für den Standort Jucu dokumentierten Kostenblöcke für diese Bereiche beziehen sich daher auf beide Standorte und können so übernommen werden. Gehen Sie dabei davon aus, dass...
   – die Gehälter für die genannten Bereiche in Lüneburg um 3 % p.a. steigen und der Personalbestand konstant bleibt, würde die Produktion am Ursprungsort bestehen bleiben.
   – die Gehälter für diese Bereiche (übergreifend) um 3 % p.a. steigen und die Personalwachstumsrate bei 3,5 % p.a. liegt, würde die Produktion nach Jucu verlagert werden.

Bilden Sie für die Jahre 2016 bis 2025 jeweils die Differenzen und tragen Sie diese in die Tabellenvorlage *(MM-Case-Study-Aufgabe3c-Tabelle.xlsx)* ein.

d. Vergleichen Sie die sonstigen betrieblichen Aufwendungen (SbA) für beide Standorte und tragen Sie die einfache Kosten-Differenz für das Verlagerungsjahr 2015 in die Tabellenvorlage *(MM-Case-Study-Aufgabe3c-Tabelle.xlsx)* ein. Gehen Sie anschließend davon aus, dass...
   – die SbA in Lüneburg zukünftig jährlich um 3 % steigen, würde die Produktion am Ursprungsort bestehen bleiben.
   – die SbA in Jucu jährlich um etwa 6 % steigen, würde die Produktion nach Jucu verlagert werden.

Bilden Sie für die Jahre 2016 bis 2025 jeweils die Differenzen und tragen Sie diese in die Tabellenvorlage *(MM-Case-Study-Aufgabe3c-Tabelle.xlsx)* ein.

e. Tragen Sie anschließend die Investitionen und Einmalkosten in die Tabellenvorlage *(MM-Case-Study-Aufgabe3c-Tabelle.xlsx)* ein. Eine Aufstellung über die Gesamtinvestition sowie die Kosten und Erlöse aus der Produktionsstilllegung finden Sie in (Abb. 5.7).

f. Danach gilt es noch die Kosten und Erlöse aus der Werksschließung aufzunehmen. Achten Sie bitte darauf, dass es sich nicht ausschließlich um einmalige Zahlungsflüsse handelt. Eine entsprechende Aufstellung finden Sie in Abb. 5.8.

5.3 Aufgaben zur Wirtschaftlichkeitsberechnung I

Verlagerungskosten (Investitionskosten und Einmalkosten)

Kostenblock	Anfallende Kosten für die Innova-Q AG	
Grundstücks- und Gebäudekosten Für neue Gebäude in Cluj	7.750.000,00 €	Die nebenstehenden Verlagerungskosten teilen sich auf in Investitionen und Einmalkosten.
Personalzusatzkosten Für die Auswahl des Standortes und die Planung und Begleitung der Bauarbeiten	327.500,00 €	Alle diese Kosten/ Investitionen fallen im Jahr der Verlagerung an.
Material- und Versorgungskosten Für Mitarbeiter vor Ort	209.800,00 €	Nur die Investition in Grundstücke und Gebäude teilt sich folgendermaßen auf:
Anschaffungskosten für neue Maschinen	4.890.000,00 €	
Transport- und Logistikkosten z. B. für den Transport von Maschinen und Anlagen nach Cluj	85.000,00 €	80% der Summe fallen im Jahr der Verlagerung an
Kosten für die Suche und Qualifikation von Personal in Cluj	66.500,00 €	
Beteiligung an den Kosten für die Zuwegung zum Werksgelände	108.900,00 €	20% der Summe fallen im Folgejahr an
Vertriebszusatzkosten Neue Vertriebsnetzwerke und -kanäle müssen geschaffen werden, Image muss nach Verlagerung ggf. wiederhergestellt werden	290.000,00 €	
Koordinations- und Betreuungskosten	480.500,00 €	
Gesamtinvestitionsvolumen für die Verlagerung	**14.208.200,00 €**	

Abb. 5.7 Verlagerungskosten (Investitionskosten und Einmalkosten)

Erlöse	Innova-Q AG
Verkauf verschiedener Maschinen und Anlagen	455.000,00 €
Verpachtung von Gebäudeteilen Lagerhalle	48.500,00 €
Verkauf von Gebäudeteilen Gießerei, Produktionshalle, Montagehalle	1.350.000,00 €
Abverkauf von Produkt- und Materialrestbeständen	180.000,00 €
Kosten	**Innova-Q AG**
Abfindungen für Arbeitnehmer	570.000,00 €
Rückzahlung bezogener Subventionen/Fördermittel Auflagen werden durch Verlagerung nicht mehr eingehalten	57.900,00 €
Auflösung von Verträgen Mit div. Zulieferern, Dienstleistern, Versicherungen etc.	62.500,00 €

Achtung: Die Erlöse aus der Gebäudeverpachtung entstehen jährlich.

Abb. 5.8 Erlöse und Kosten der Produktionsstilllegung in Lüneburg

g. Berechnen Sie anschließend die nominalen Nettozahlungsüberschüsse und die diskontierten Barwerte unter Einsatz des WACC bzw. der Risikoprämie für die Jahre 2016 bis 2025 (für das Jahr der Investition bilden Sie einfach nur die Summe der Cash Flows). Berechnen Sie ebenfalls die Summen der Kostendifferenzen und der Zahlungsüberschüsse/Barwerte (*rechte Spalte von MM-Case-Study-Aufgabe3c-Tabelle.xlsx*)

Nutzen Sie für alle Aufgabenpunkte die vorgesehene Tabellenvorlage (*MM-Case-Study-Aufgabe3c-Tabelle.xlsx*), um die geforderten Werte einzutragen und die notwendigen Berechnungen durchzuführen.

Aufgabe 3d – Ergebnisse der Amortisationsrechnungsverfahren Berechnen Sie bitte auf Grundlage Ihrer Ergebnisse aus Aufgabe 3c die drei unterschiedlichen Amortisationszeiten, die sich aus den drei Bewertungsverfahren ergeben.

1. Amortisationszeit bei nominalen Nettozahlungsüberschüssen
2. Amortisationszeit bei diskontiertem WACC
3. Amortisationszeit bei diskontiertem WACC + Risikoprämie

Nennen Sie hier bitte Ihre Ergebnisse und bewerten Sie die Aussagekraft der drei unterschiedlichen Verfahren.

Erscheint Ihnen die Verlagerung der Produktion nach Rumänien vor dem Hintergrund der Amortisationsdauer als ein sinnvolles Unterfangen? Begründen Sie Ihre Aussage.

Welche Faustregel bezüglich der Amortisation von Investitionen kennen Sie? Fragen Sie ggf. im Unternehmen (bei Ihrem Arbeitgeber) nach, welche Amortisationszeiten dort bei größeren Investitionen mindestens erfüllt werden müssen. Wird diese Vorgabe in diesem Fall eingehalten?

Aufgabe 3e – Interne-Zinsfuß-Methode In Aufgabe 3c erhalten Sie als Summe der nominalen Zahlungsüberschüsse (statisch) bzw. der diskontierten Barwerte (dynamisch) die Kapitalwerte der einzelnen Bewertungsmethoden.

Leiten Sie nun bitte grafisch den internen Zinsfuß her.

▶ Achtung: Es genügt hier die Skizze. In Aufgabe 3f werden Sie um weitere Erläuterungen hierzu gebeten.

Aufgabe 3f – Rentabilität der Investition und Empfehlung an den Vorstand Was sagt der interne Zinsfuß aus Aufgabe 3e aus? Nennen Sie hier das aus Ihrer Grafik resultierende Ergebnis zusätzlich und erläutern Sie es.

Wie schätzen Sie abschließend die Rentabilität der Investition ein? Welche Empfehlung würden Sie dem Vorstand der Innova-Q AG bei Ihrem derzeitigen Wissensstand geben? Bitte begründen Sie Ihre Aussage.

5.4 Aufgaben zur Potenzialanalyse

Aufgabe 4a – Analyse von Tätigkeitsinhalten in der Fertigung In diesem Aufgabenblock sollen Sie mögliche Einsparpotenziale für den Produktionsstandort in Lüneburg identifizieren und anschließend finanziell bewerten.

Der Produktionsleiter, Martin Hartwig, hat sich in den vergangenen Wochen verstärkt mit den Methoden der Lean Production auseinandergesetzt, um Effizienzsteigerungen und damit einhergehende Kosteneinsparungen in der Fertigung zu realisieren. Nur durch eine optimierte Fertigung kann die Erhaltung des Produktionsstandortes in Lüneburg gelingen. Um sein Vorgehen zu strukturieren, hat Herr Hartwig zunächst vier Arbeitsplätze in der Gießerei genauer untersucht und alle Tätigkeiten der Mitarbeiter genau dokumentiert und anschließend nach den in Abb. 5.9 aufgelisteten Kriterien bewertet.

Mit Schrecken stellt der Produktionsleiter fest, wie groß offenbar die Lücke zwischen dem derzeitigen Zustand der Fertigung und einem optimierten Zustand ist.

Arten der Verschwendung

- **Überproduktion**
  Zu viel und zu schnell
- **Nacharbeit**
  Korrigieren und Reparieren
- **Transport und Handhabung**
  Zu viel und zu weit
- **Nicht wertschöpfende Tätigkeiten**
  Zu viel Bürokratie und unnütze Tätigkeiten
- **Bestände**
  Übermäßige Lager- und Umlaufbestände
- **Warten (Suchen)**
  Leerlaufzeiten für Mensch und Gerät
- **Bewegungen**
  Uneffektive Arbeitsbewegungen
- **Überbeanspruchung**
  Schaffen personeller Engpässe
- **Abweichen vom Standard**
  Suboptimale Zielerreichung

Verschwendung
- Alles, was für die eigentliche Arbeit nicht benötigt wird. Beispiele: Wartezeiten, Lagerhaltung
- Kein Wertzuwachs am Produkt, Zeitanteile müssen vermieden werden.

Notwendig aber nicht wertschöpfend (NANW)
- Tätigkeiten, die keinen Wertzuwachs bringen, aber unter den gegebenen Bedingungen getan werden müssen.
- Kein Wertzuwachs am Produkt, Zeitanteile sollten so klein wie möglich ausgelegt sein.

Wertschöpfende Tätigkeiten
- Der Teil einer Tätigkeit, durch den ein Wertzuwachs entsteht. beispiele: Montage- und Bearbeitungszeiten
- Wertzuwachs am Produkt (hierfür bezahlt der Kunde), der Anteil am gesamten Arbeitszyklus sollte so groß wie möglich sein.
- Auch wertschöpfende Tätigkeiten sollten natürlich so effizient wie möglich ausgelegt sein.

Quelle: Gleich, Sauter: Operational Excellence

Abb. 5.9 Arten der Verschwendung

Durch den Einsatz verschiedener Methoden und Maßnahmen könnten die Arbeitsplätze in der Gießerei sehr viel effizienter gestaltet werden. Das Ergebnis seiner Analysen finden Sie in den Tabellenvorlage für diese Aufgabe (MM-Case-Study-Aufgabe4b-Tabelle.xlsx).

Anschließend hat Herr Hartwig sich auch aus den anderen Fertigungsbereichen Referenzarbeitsplätze ausgesucht und die Tätigkeiten dokumentiert. Bitte beurteilen Sie die Tätigkeitsinhalte der Arbeitsplätze nach dem Muster von Herrn Hartwig. Füllen Sie dazu die Tabellenvorlagen für die weiteren Produktionsbereiche *(MM_Case-StudyAufgbe4a-Tabelle.xls)* nach dem Beispiel des Produktionsleiters und unter Bezugnahme der Bewertungskriterien aus. Ermitteln Sie also bitte die Wertschöpfungs-, Verschwendungs- und NANW-Anteile in den vorgesehenen Feldern.

Definieren Sie anschließend in derselben Tabelle grobe Maßnahmen, die zu einer Effizienzsteigerung führen können. Bleiben Sie bei Ihren Einschätzungen bezüglich der zeitlichen Einsparpotenziale insofern etwas konservativ, als dass es hier zunächst einmal nur um Potenziale geht, die in jedem Fall realisierbar sind. Orientieren Sie sich ggf. an den Werten von Herrn Hartwig. Es geht bei dieser Aufgabe nicht so sehr um die absoluten Zeiteinsparungen, sondern eher um das Verhältnis zwischen Wertschöpfung, Verschwendung, NANW und Einsparpotenzialen.

Zusatz 1: Bei der Bewertung der Tätigkeitsinhalte kann mitunter der Eindruck entstehen, es fände vonseiten der Mitarbeiter keine, oder kaum Wertschöpfung statt. Dies liegt darin begründet, dass häufig die Wertschöpfung selbst durch Maschinenbearbeitung entsteht. Da es aber in dieser Aufgabe um Effizienzsteigerungen durch Optimierung von Tätigkeitsinhalten und -abfolgen geht, werden die Maschinenzeiten hier nicht weiter betrachtet, denn schließlich sind insbesondere die Lohnkosten am Lüneburger Standort ein interessanter Stellhebel.

Zusatz 2: Es handelt sich bei den Tätigkeitsabfolgen häufig um chronologisch aufeinanderfolgende Arbeitsgänge, die durchaus von denselben Personen (FTE) ausgeführt werden können. Sie können daher anhand dieser Tabelle nicht ermitteln, wie viele Personen (FTE) in einem Bereich arbeiten. Es geht hier ausschließlich um das Ermitteln der Einsparpotenziale in Form von aufgewendeten Ressourcenminuten. Wie viele Personen pro Fertigungsbereich eingesetzt werden, erfahren Sie in der Fallbeschreibung sowie in Aufgabe 4b (erst dann wird diese Information benötigt).

Aufgabe 4b – Potenzialberechnung Aus der Aufstellung des Produktionsleiters geht hervor, wie sich die direkten Fertigungskosten auf die analysierten Bereiche

5.4 Aufgaben zur Potenzialanalyse

aufteilen und wie viele Mitarbeiter (gerechnet in Vollzeitäquivalenten = FTE) in dem jeweiligen Fertigungsbereich arbeiten. Die Darstellung finden Sie in der Tabellenvorlage für diese Aufgabe *(MM-Case-Study-Aufgabe4b-Tabelle.xls)*. Der Einfachheit halber gehen Sie bitte davon aus, dass in der Fertigung nur Vollzeitstellen und keine Teilzeitstellen bestehen.

Nach seiner ersten Analyse ist sich der Produktionsleiter, Martin Hartwig, sicher: Man kann jeden der Fertigungsbereiche so auf Vordermann bringen, dass die berechneten Einsparpotenziale durch konsequenten Methodeneinsatz realisiert werden können.

Berechnen Sie – ausgehend von der Aussage des Produktionsleiters – die neuen direkten Fertigungskosten für die einzelnen Bereiche und die gesamten direkten Fertigungskosten in der Tabellenvorlage für diese Aufgabe (MM-Case-Study-Aufgabe4b-Tabelle.xls). Setzen Sie hierbei Ihre in Aufgabe 4a ermittelten Einsparpotenziale ein. Berechnen Sie ebenfalls in den dafür vorgesehenen Feldern die Anzahl der verbleibenden FTE, die Anzahl der betriebsbedingten Kündigungen (beide Werte bitte vorerst mit zwei Nachkommastellen berechnen) sowie das Gesamteinsparpotenzial (prozentual und finanziell).

Bei Ihren späteren Ausführungen sollten Sie die Anzahl der Kündigungen und der verbleibenden Mitarbeiter auf ganze FTE auf- oder abrunden.

Aufgabe 4c – Verstetigung der Effekte Nachdem Sie nun die Tätigkeiten der ausgewählten Arbeitsplätze bewertet und mit geeigneten Methoden realistische Einsparpotenziale offengelegt haben, stellt sich die Frage, auf welche Art und Weise die Effizienzsteigerung auch in Zukunft beibehalten oder sogar noch ausgebaut werden kann.

Die Erfahrung zeigt: Häufig verlaufen einmal eingeführte Verbesserungen wieder „im Sande". Die daraus generierten Potenziale nehmen nach und nach wieder ab, bis fast wieder der Ursprungszustand erreicht ist. Warum ist dies so?

Nennen und erläutern Sie Ihnen bekannte Wege, einen einmal etablierten Zustand aufrecht zu erhalten. Haben Sie selbst bereits Erfahrungen mit Verbesserungsprozessen gesammelt? Und wie wurden dabei die Effekte verstetigt?

Aufgabe 4d – Beurteilung der Vorgehensweise Da mit einer kurzfristigen Absatz- bzw. Umsatzsteigerung bei Fortsetzung der Produktion in Lüneburg nicht zu rechnen ist, können für den Produktionsstandort in Lüneburg vorerst nur die von Ihnen in der vorherigen Aufgabe berechneten Einsparungen an Arbeitskosten mit den einhergehenden betriebsbedingten Kündigungen als Kostensenkungspotenziale geltend gemacht werden.

Wie beurteilen Sie dieses Vorgehen? Gehen Sie in Ihrer Argumentation (unvoreingenommen) auf folgende Punkte ein:

- Betriebswirtschaftliche Sinnhaftigkeit der Effizienzsteigerung und damit einhergehender Personalreduktion
- Weitere Stellhebel mit Kostensenkungspotenzial, die ebenfalls hätten bedient werden können

Versuchen Sie an dieser Stelle, noch nicht zu stark auf soziale Argumente zurückzugreifen, sondern bleiben Sie eher auf der betriebswirtschaftlichen Ebene bzw. bei den obigen Inhaltspunkten.

Aufgabe 4e – Übertragbarkeit der Maßnahmen/Methoden Normalerweise müssten die durch den Methodeneinsatz hervorgerufenen Effizienzsteigerungen doch auch im Werk in Jucu umsetzbar sein...?

Untersuchungen anderer Produktionsverlagerungen zeigen jedoch, dass genau das nicht so einfach möglich ist. Warum denken Sie, ist das so? Welche Faktoren könnten einem Transfer der Einspareffekte aus Maßnahmen und Methodeneinsatz entgegenwirken?

Versuchen Sie, bereits gewonnene Erkenntnisse aus der Fallstudie einzubinden, und bedenken Sie auch, dass sich ein KMU strukturell stark von großen Konzernen unterscheidet.

5.5 Aufgaben zur Wirtschaftlichkeitsberechnung II

Aufgabe 5a – Neuberechnung der Zahlungsüberschüsse Da Ihnen nun aus Aufgabenblock 4 bekannt ist, welche realistischen Einsparungen am Lüneburger Standort generiert werden können, muss neu überlegt werden, ob eine Produktionsverlagerung nach Rumänien nach wie vor ein rentables Unterfangen ist.

Um das herauszufinden, muss die in Aufgabe 3 durchgeführte Berechnung der Amortisationszeiten und der Rentabilität angepasst werden. Die aus einer Verlagerung resultierenden Vorteile fallen nun nämlich insgesamt geringer aus, da in Aufgabe 3 der Zielzustand in Jucu mit der nicht-optimierten Fertigung (Ist-Zustand) in Lüneburg verglichen wurde.

Verwenden Sie bitte Ihre Tabelle aus Aufgabe 3c *(MM-Case-Study-Aufgabe3c-Tabelle.xlsx)* hier erneut und tragen Sie die veränderten Werte für die direkten Fertigungskosten ein. Die Fertigungsoverhead-Kosten müssten im Rahmen der Fertigungsoptimierung in Lüneburg tendenziell auch sinken, jedoch muss bedacht

5.6 Aufgaben zur abschließenden betriebswirtschaftlichen Bewertung

werden, dass die Optimierungsmaßnahmen auch einer gewissen Betreuung bedürfen, sodass hier davon ausgegangen werden kann, dass die Werte sich nicht verändern. Alle anderen Kostenpositionen bleiben ebenfalls so bestehen.

Die Umsätze bleiben ebenfalls konstant, wie bereits in Aufgabe 3 für den Standort Lüneburg erläutert. Bitte berechnen Sie auch die nominalen und die diskontierten Zahlungsüberschüsse in der Tabelle neu.

Aufgabe 5b – Neue Amortisationsdauer und Rentabilität Berechnen Sie bitte auf Grundlage Ihrer Ergebnisse aus Aufgabe 5a die drei unterschiedlichen Amortisationszeiten neu, die sich aus den drei Bewertungsverfahren ergeben. Nennen Sie hier bitte Ihre Ergebnisse.

Wie schätzen Sie das Investitionsvorhaben nun ein? Begründen Sie Ihre Aussage.

Aufgabe 5c – Interne-Zinsfuß-Methode Wie bereits in Aufgabenblock 3 geschehen, muss auch für dieses Szenario der interne Zinsfuß grafisch hergeleitet werden.

▶ Achtung: Es genügt hier die grafische Darstellung. In Aufgabe 5d werden Sie um weitere Erläuterungen hierzu gebeten.

Aufgabe 5d – Rentabilität der Investition und Empfehlung an den Vorstand Nennen Sie bitte hier das aus Ihrer Grafik aus Aufgabe 5c resultierende Ergebnis (Interner Zinsfuß) und erläutern Sie es.

Wie schätzen Sie abschließend die Rentabilität der Investition ein? Stellen Sie bitte zusätzlich einen Transfer zwischen Ihren Ergebnissen aus Aufgabenblock 3 und diesem Aufgabenblock her. Welche Empfehlung würden Sie dem Vorstand der Innova-Q AG aus rein betriebswirtschaftlicher Sicht bei Ihrem derzeitigen Wissensstand geben? Bitte begründen Sie Ihre Aussage.

5.6 Aufgaben zur abschließenden betriebswirtschaftlichen Bewertung

Aufgabe 6a – Diskussion der Haupterkenntnisse Gehen Sie bitte in dieser Aufgabe auf Ihre bisherigen Erkenntnisse ein:

- Stellen Sie hierbei insbesondere die Entwicklung der Rentabilität des Verlagerungsvorhabens zwischen Szenario 1 und 2 in den Vordergrund.
- Versuchen Sie die Frage zu beantworten, ob die Vorteile aus der Produktionsverlagerung groß genug sind, um die Investition mit allen Risiken anzugehen.

Um die letzte Frage zu beantworten, schauen Sie noch einmal in Ihren Aufzeichnungen nach, mit welchen Umsatzeinbußen die Innova-Q AG in den ersten Jahren zu rechnen hat und wann erstmals das alte Umsatzniveau erreicht wird.

Erscheint Ihnen die Rendite nach 10 Jahren (Szenario 2) als ein lukratives Unterfangen, das das Risikopotenzial und die anfänglichen Umsatzeinbußen rechtfertigt?

Viele Unternehmen wagen eine Produktionsverlagerung nur dann, wenn eine Einsparung von mindestens 10 % der Selbstkosten gesichert ist. Wie stellt sich dieser Zusammenhang bei der Innova-Q AG dar?

Bitte versuchen Sie, einen Umfang von zwei Seiten nicht zu überschreiten.

Aufgabe 6b – Auf welche Kernkompetenzen sollte sich die Innova-Q AG bei einem Verbleib in Lüneburg konzentrieren? Schaut man sich die Wirtschaftsregion Lüneburg einmal etwas genauer an, stellt man fest, dass eine ganze Reihe an ortsansässigen Unternehmen durchaus sehr erfolgreich in dieser Region produzieren kann. Recherchieren Sie beispielsweise einmal die Kooperationspartner und schauen Sie sich z. B. die Unternehmensvideos an.

- CLAGE GmbH aus Lüneburg,
- Impreglon Oberflächentechnik GmbH,
- UVEX Safety Gloves GmbH & Co. KG aus Lüneburg,
- Joachim Behrens Scheeßel GmbH aus Scheeßel,
- Werkhaus Design + Produktion GmbH aus Bad Bodenteich,
- Winkelmann Elektromotoren GmbH & Co. KG aus Uelzen

Auf welche Kompetenzen sollte sich die Innova-Q AG bei einem Verbleib in Lüneburg Ihrer Meinung nach zukünftig konzentrieren, bzw. welche wertvollen Stellhebel stehen dem Unternehmen noch zur Verfügung, die aus Ihrer Sicht bis jetzt nicht vollständig ausgeschöpft sind?

Gehen Sie bei Ihrer Aufgabenlösung beispielsweise auf die UVEX Profas GmbH & Co. KG ein. Stellen Sie Recherchen zum Unternehmen und möglichen Erfolgsfaktoren im Hochlohnland Deutschland an (siehe dazu den Link im Literaturverzeichnis). Sehen Sie sich ebenfalls das Firmenporträt (Imagefilm) der CLAGE GmbH an, welches Sie online recherchieren können (siehe dazu den Link im Literaturverzeichnis).

Bitte versuchen Sie, den Umfang von einer Seite nicht zu überschreiten.

Aufgabe 6c – Mögliche Probleme und Risiken in Rumänien/Jucu Sie haben bereits die wichtigsten Verlagerungs- und Rückverlagerungsgründe kennengelernt und sich mit den Kernfaktoren auseinandergesetzt. Gegebenenfalls haben Sie hierfür die Studie vom Fraunhofer ISI (Institut System- und Innovationsforschung)

„Produktionsverlagerung und Rückverlagerung in Zeiten der Krise" (Kinkel und Spomenka 2009) verwendet. Mit welchen Problemen und Risiken muss die Innova-Q AG – ausgehend von dieser Studie und Ihren bereits gesammelten Kenntnissen zu diesem Thema – am Produktionsstandort in Jucu rechnen? Kategorisieren Sie Ihre Antworten in kurzfristige, mittelfristige und langfristige Probleme/Risiken ein und nehmen Sie mindestens die folgenden Unterpunkte in Ihre Aufgabenlösung auf:

- Lohnkosten (-niveau),
- Fachkräfte,
- Koordinierungskosten,
- Flexibilität,
- Qualität,
- Nähe zu F&E.

▶ Achtung: Nicht alle diese Punkte werden in der Studie betrachtet. Weitere Recherche ist notwendig.

Bitte versuchen Sie, den Umfang von einer Seite nicht zu überschreiten.

5.7 Aufgaben zum Einfluss auf die Region (CSR)

Aufgabe 7a – Einflüsse und Folgewirkungen von Produktionsverlagerungen auf die Ursprungs- und die Zielregion In diesem Aufgabenblock wird es insbesondere um die soziale Verantwortung von Unternehmen innerhalb einer Gesellschaft aber auch innerhalb einer Wirtschaftsregion gehen, wobei die möglichen Folgewirkungen von Verlagerungen im Fokus stehen.

Wie Sie bereits recherchiert haben, haben Standortverlagerungen sowohl Einfluss auf den Ursprungsort als auch auf die Zielregion. Bitte versuchen Sie in dieser Teilaufgabe...

- diese Auswirkungen (sozialer aber auch ökonomischer Art) für die Ursprungs- und die Zielregion zu benennen,
- die Verantwortung, die die Innova-Q AG in Lüneburg trägt und bei einer Verlagerung für den neuen Standort in Jucu/Rumänien übernehmen würde, zu beschreiben,
- weitere nicht-monetäre Effekte aus einer Standortverlagerung (Image, Marketing-Effekte etc.) zu identifizieren und deren mögliche Konsequenzen für die Innova-Q AG darzustellen.

Arbeitslos durch Geldgier der Bosse: Produktion des Lüneburger Armaturenherstellers Innova-Q steht vor dem Aus, 130 Mitarbeiter sitzen dann auf der Straße. (LA berichtete).

Lüneburg – In Kürze könnten die Wartezimmer der Agentur für Arbeit wieder voll sein. Die Innova-Q AG plant ihre Produktion zu Lasten der Arbeitnehmer nach Rumänien zu verlagern. Und das, obwohl viele der Beschäftigen schon beinahe ihr Leben lang in den Produktionshallen des Unternehmens Armaturen herstellen!

Durch einen Wahnstreik Ende der letzten Woche machten die Arbeiter ihrem Ärger Luft: Die Betriebsratsvorsitzende Susanne R. (35) dazu:

„Uns hat hier keiner richtig informiert! Durchgesickert ist bisher nur, dass Personalkosten abgebaut werden sollen. An die Mitarbeiter und deren Familien denkt hier keiner! Profit ist alles, was zählt! In der Krise hatten wir weniger Aufträge und trotzdem wurde niemand entlassen. Nun sind die Auftragsbücher wieder voll, das passt doch nicht zusammen!"

In einem offiziellen Pressebericht hält sich der Vorstand der Innova-Q AG bedeckt. „Wir denken über Standortalternativen nach", heißt es hier. Bisher sei jedoch noch keine Entscheidung gefallen. Dennoch seien betriebsbedingte Kündigungen nicht auszuschließen.

„Auch bei einem Erhalt des Produktionsstandortes Lüneburg muss mit Rationalisierungsmaßnahmen gerechnet werden..."

Susanne R.: „Im Klartext heißt das doch, dass wir uns auf schlechte Zeiten vorbereiten können. Und das, obwohl wir momentan jede Menge Überstunden machen. Durch unseren Mahnstreik erhoffen wir uns nun politische Unterstützung aus Stadt und Gemeinden. Es ist höchste Zeit!"

LA fordert: Verantwortung übernehmen! Jobs müssen bleiben!

Lüneburg Aktuell: Arbeitskampf in Lüneburg, 05.08.2014

Abb. 5.10   Artikel in der Tageszeitung Lüneburg Aktuell

5.7 Aufgaben zum Einfluss auf die Region (CSR) 49

Beschäftigen Sie sich vor der Aufgabenbearbeitung bitte mit dem Verlagerungsfall des Mobiltelefonherstellers Nokia. Stellen Sie hierfür bitte eigene Recherchetätigkeiten an. Gehen Sie ebenfalls auf den in Abb. 5.10 hinterlegten Zeitungsartikel ein, der 2014 im Zusammenhang mit der Innova-Q AG in der Tageszeitung Lüneburg Aktuell erschienen ist.
Bitte versuchen Sie, den Umfang von einer Seite nicht zu überschreiten.

Aufgabe 7b – Soziale Verantwortung von Unternehmen – unterschiedliche Ansätze Generell können CSR-Aktivitäten (soziales Engagement) von Unternehmen sehr unterschiedlich interpretiert und ausgelegt werden. Vor diesem Hintergrund sollte das Thema Corporate Social Responsibility(CSR) stets mit Bedacht und der Fragestellung "Was will das Unternehmen mit einer bestimmten Aktion erreichen?" betrachtet werden.

Sie finden unten zwei unterschiedliche Zitate. Bitte interpretieren Sie die beiden Zitate und bringen Sie je eine der Aussagen mit der Entscheidung für eine Verlagerung und der Entscheidung gegen eine Verlagerung in Verbindung.

> In Wahrheit nützt mir nicht, was mir allein nützt, sondern was dem Mitmenschen, der Gemeinschaft, der Gesellschaft nützt. (Carl Friedrich von Weizäcker)

> The social responsibility of business is to increase its profit. (Milton Friedman)

Aufgabe 7c – Statussymbole aus China? Wie passen Qualität und Niedriglohnländer zusammen? Qualität auf der einen Seite und Produktion in Niedriglohnländern auf der anderen Seite passen in unserem Verständnis häufig nicht zusammen. Immer dann, wenn Medien oder Organisationen wie Greenpeace sich mit den Herstellungsbedingungen von Konsumgütern auseinandersetzen, kommen die verantwortlichen Unternehmen schnell in Erklärungsnot.

Bitte stellen Sie Recherchen zu den Produktionsverhältnissen bei der Herstellung Ihnen bekannter Konsumgüter (Statussymbole) an, die in Niedriglohnländern produziert werden. Ein Beispiel könnte der Artikel „Am Ende der Kostenschraube" aus der Zeitschrift „Brandeins" über die Herstellung des iPhones in China sein (brand eins 2012). Das iPhone gilt in vielen Ländern als Statussymbol und als Qualitätsprodukt.

- Bitte schildern Sie Ihre Eindrücke und erläutern Sie ebenfalls, ob oder inwiefern sich dadurch Ihre Wahrnehmung gegenüber Produkt und Hersteller verändert haben.
- Könnten der Innova-Q AG ähnliche Effekte bevorstehen?
- Was kann das Unternehmen dagegen tun? Nennen Sie Konzepte, die dem Unternehmen helfen könnten, bei einer Verlagerung möglichst wenig Schaden zu nehmen.

Aufgabe 7d – Kritik an CSR Wie Sie bereits wissen, sind CSR-Projekte durchaus kritisch zu hinterfragen.

- Sind Ihnen Fälle bekannt, bei denen Unternehmen CSR-Kampagnen für Marketingzwecke missbraucht haben? Recherchieren Sie hierzu ggf. die CSR-Kampagnen Ihnen bekannter Unternehmen.
- Beschreiben Sie die Kampagne und erläutern Sie, warum aus Ihrer Sicht hier der eigentliche CSR-Gedanke in den Hintergrund gerät.
- Bitte gehen Sie in dieser Aufgabe auch auf das sogenannte „Greenwashing" ein. Stellen Sie in diesem Kontext bitte eigene Recherchen an. Eine vom NDR produzierte Reportage des Wirtschafts- und Verbrauchermagazins „Markt" zu diesem Thema gibt ebenfalls einen guten Überblick. Das entsprechende Video finden Sie unter: https://www.youtube.com/watch?v=4WX7z1wDxh4. Erläutern Sie den Begriff „Greenwashing" und nennen Sie aus den Medien bekannt gewordene Beispiele.

5.8 Aufgaben zum Transfer in die Praxis

Aufgabe 8a – Transfer zwischen Fallstudie und eigener beruflicher Erfahrung
Bevor es in Aufgabe 9 um die Aufbereitung der Abschlusspräsentation geht, sollen Sie den Transfer zu Ihrer eigenen beruflichen Erfahrung herstellen. Bitte bearbeiten Sie hierfür die nachfolgend aufgeführten Punkte:

- Können Sie aus Ihrer eigenen Laufbahn heraus von einem gelungenen oder gescheiterten Verlagerungsprojekt berichten? Oder hat es bei einem Ihrer Arbeitgeber (möglicherweise auch schon vor Ihrer Zeit) eine geglückte/misslungene Verlagerung der Produktion oder von Produktionsteilen gegeben? Was wurde hierbei richtig/falsch gemacht? Was waren die Motive? (Wenn nötig, können Sie das Unternehmen anonymisieren).

Alternative:
Wenn Sie den ersten Inhaltspunkt aufgrund fehlender Kenntnisse nicht bearbeiten können (und nur dann), erarbeiten Sie bitte den folgenden Aufgabenpunkt ausführlich:

- Recherchieren Sie in der Presse und anderen Medien nach einem gelungenen oder missglückten Verlagerungsfall (außer Nokia). Fassen Sie das Verlagerungsvorhaben kurz zusammen und benennen Sie die gemachten Fehler, oder stellen Sie begründete Vermutungen an, was schiefgelaufen sein könnte. Bei geglückten Verlagerungen erläutern Sie bitte, was in diesem Fall richtig gemacht wurde.

5.9 Aufgaben zur Erstellung des Abschlussberichtes

Aufgabe 9 – Der Abschlussbericht
Dies ist die letzte zu bearbeitende Aufgabe. Bitte erarbeiten Sie eine Präsentation mit mindestens den nachfolgenden Inhaltspunkten:

- Kernerkenntnisse der Ausgangssituation:
  a. Situation der Innova-Q AG,
  b. Selbstkosten beider Standorte,
  c. Standortfaktoren/SWOT,
  d. eingeforderte Ziele des Managements
- Vergleich beider Szenarien:
  a. Gesamtvorteil → Renditen und Selbstkostenreduktion,
  b. Produktivität,
  c. Anzahl Entlassungen,
  d. Potenziale und weitere Maßnahmen → Effizienzsteigerung Lüneburg,
  e. Vergleich mit eingeforderten Zielen
- Ihre Entscheidung bzgl. der Verlagerung
  a. Fehler des Managements,
  b. Gründe für Ihre Entscheidung,
  c. Chancen, Risiken,
  d. Empfehlungen für das weitere Vorgehen der Innova-Q AG

Bitte erstellen Sie 10 bis 15 gehaltvolle und grafisch ansprechende Inhaltsfolien.

Musterlösungen 6

Das folgende Kapitel enthält Musterlösungen zu den kritischen Aufgabengebieten dieser Case Study. Hierbei sind insbesondere die Aufgabenstellungen berücksichtigt worden, bei denen Berechnungen durchgeführt werden müssen. Dabei ist zu erwähnen, dass ein Großteil der Aufgaben individuell bzw. qualitativ von den Studenten gelöst wird und somit keine Musterlösungen für die Aufgaben bereitgestellt werden. Außerdem hängen manche Lösungen von vorherigen Interpretationen der Aufgaben ab, die zu unterschiedlichen Folgeergebnissen führen. Dies gilt insbesondere für die Aufgabenbereiche 4a – 5d. Hier entstehen in der Regel je Teilnehmer vollständig individuelle Lösungen, sodass die hier gezeigten Lösungen für die Aufgaben 4a – 5d nur als Beispiele für die Vorgehensweise dienen können.

Lösung Aufgabe 2a – Vergleich der Selbstkosten der beiden Standorte Die Lösung zu Aufgabe 2a finden Sie in der hinterlegten Lösungstabelle *(Lösung 2a.xlsx)*.

Lösung Aufgabe 2b – Fremd-/Eigenkapital Die Lösung zu Aufgabe 2b finden Sie in Abb. 6.1.

Lösung Aufgabe 2c – Berechnung von Marktrisiken, Verzinsung und Fremdkapitalkosten bzgl. einer Investition der Innova-Q AG Die Lösung zu Aufgabe 2c finden Sie in der hinterlegten Lösungstabelle *(Lösung 2c.xlsx)*.

Lösung Aufgabe 2d – Berechnung des durchschnittlichen Kapitalkostensatzes Die Lösung zu Aufgabe 2d finden Sie in der hinterlegten Lösungstabelle *(Lösung 2d.xlsx)*.

Fremdkapital	
Fremdkapital im Unternehmen	20.254.388,00 €
Fremdkapitalquote	61,6 %
Eigenkapital	
Eigenkapital im Unternehmen	12.626.112,00 €
Eigenkapitalquote	38,4 %

Die Eigenkapitalquote der Innova-Q AG ist als sehr robust anzusehen, da sie mit fast 40% im Vergleich zu anderen mittelständischen Unternehmen deutlich über dem Durschnitt liegt.

Die Unternehmung ist somit als solide und wenig risikoreich anzusehen.

Abb. 6.1 Lösung Aufgabe 2b

Lösung Aufgabe 2e – Veränderung des Kapitalkostensatzes unter Bezugnahme landesspezifischer Einflüsse
Gründe für Risikoprämie
Nach der Berücksichtigung der Risikoprämie liegt der WACC für Rumänien bei 13,7 %.

Der hohe Aufschlag in Höhe von 4,81 Prozentpunkten resultiert hauptsächlich aus den Risiken, die durch Mängel im Justizwesen und aus Stabilitätsrisiken aufgrund der hohen wirtschaftlichen Dynamik entstehen. Zudem ist die lokale Währung sehr volatil.

Investitionsklima in Rumänien
Rumänien bietet Investoren gut ausgebildete Arbeitskräfte, welche häufig eine Fremdsprache sprechen, geringe Lohnkosten und einen großen Binnenmarkt mit einem großen Wachstumspotenzial.

Im Gegenzug dazu müssen Investoren mit enormen Lohnsteigerungen rechnen, die mögliche Produktivitätssteigerungen übertreffen werden. Zusätzlich herrscht in der Region um Cluj bereits ein Mangel an Facharbeitskräften.

Innerhalb der EU bildet Rumänien das Schlusslicht hinsichtlich der Korruption. Auch ein hoher bürokratischer Aufwand und eine unzureichende Rechtssicherheit, insbesondere auch hinsichtlich des Schutzes von Eigentumsrechten, dämpfen das Investitionsklima in Rumänien.

Infrastrukturell ist das Land sehr unterschiedlich erschlossen. Während Zentralrumänien und der Westen des Landes gut an Westeuropa angebunden sind, hinkt der Osten des Landes deutlich hinterher.

Empfehlungen für die Innova-Q-AG
Durch die in fast allen Bereichen der Verwaltung anzutreffende hohe Bürokratie muss bei vielen Rechtsgeschäften in Rumänien mit langen Bearbeitungszeiten

gerechnet werden. Dies betrifft insbesondere Bauprojekte und die Registrierung von Eigentumsrechten. Auch der Arbeitsmarkt ist noch stark reguliert und daher wenig flexibel.

Für den Aufbau eines Werkes in Rumänien sollte die Innova-Q-AG daher einen entsprechend ausreichenden Zeithorizont einplanen.

Aufgrund der rechtlich noch nicht vollständig stabilen Situation in Rumänien sollte in regelmäßigen Abständen die juristische Lage hinsichtlich neuer Chancen und Risiken geprüft werden.

In der favorisierten Region Cluj muss geprüft werden, ob ausreichend qualifiziertes Personal angeworben werden kann. Dabei ist zu beachten, dass in Rumänien fast die dreifache Anzahl an Arbeitnehmern notwendig ist, um den in Deutschland geleisteten Output zu generieren (siehe Aufgabe 2a).

Bis zur Einführung des Euros in Rumänien muss aufgrund der hohen Volatilität der lokalen Währung mit Währungsrisiken gerechnet werden. Gegen diese Risiken muss sich das Unternehmen absichern.

Lösungen Aufgaben 3 a–e Die Lösungen zu den Aufgaben 3 a–e finden Sie in der hinterlegten Lösungstabelle Lösung *(3a+c+d.xlsx)*.

Lösung Aufgabe 3f – Rentabilität der Investition und Empfehlung an den Vorstand Abb. 6.2 zeigt den schematischen Aufbau der grafischen Zinsfußermittlung mit Hilfe von Näherungswerten und dient dem Grundverständnis der Vorgehensweise. Für das Fallbeispiel der Innova-Q AG ergibt sich der in Abb. 6.3 grafisch hergeleitete Zinsfuß in Höhe von ca. 26%. Das heißt, das durch die Investition

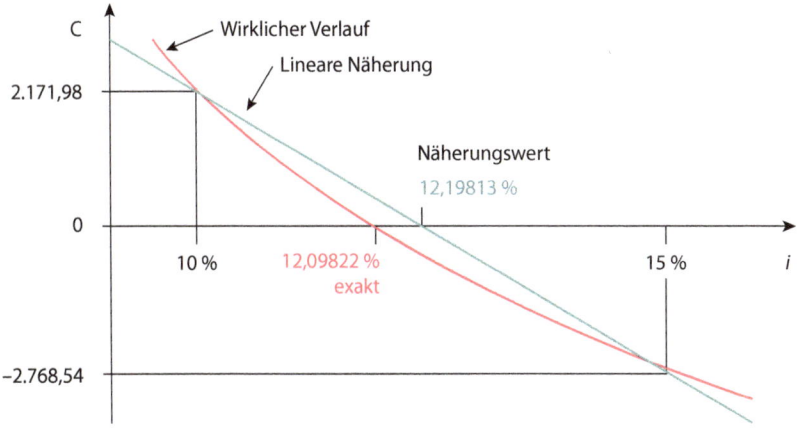

Abb. 6.2 Lösung 3e Prinzip

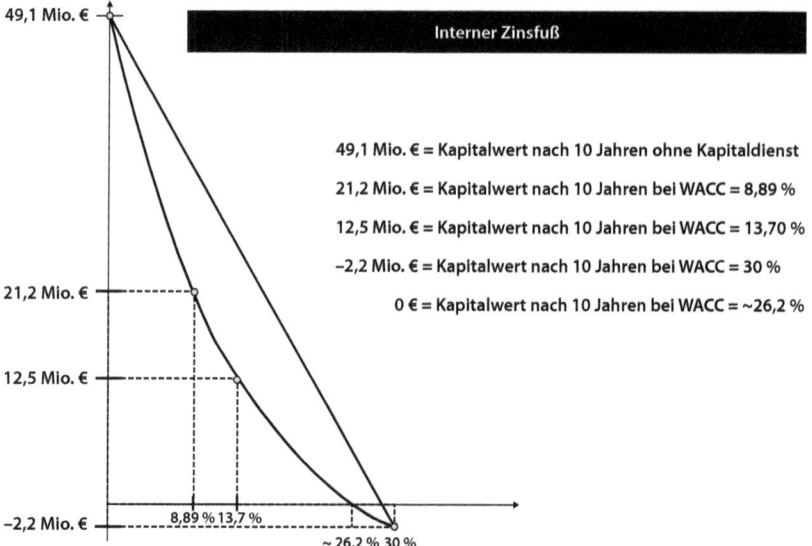

Abb. 6.3 Lösung 3e Interner Zinsfuß

(Verlagerung) gebundene Kapital verzinst sich voraussichtlich mit diesem Zinssatz; der Zinssatz kann als Rendite der Investition interpretiert werden. Eine Investition ist demnach nur sinnvoll, wenn der interne Zinsfuß über der erwarteten Mindestverzinsung liegt, bzw. in diesem Fall den Kapitalzinsfuß (WACC: 8,89 %) überschreitet, was er deutlich tut. Das heißt, die Investition ist rentabel. Jedoch wurde in den vorangehenden Aufgaben gezeigt, dass erst nach vier Jahren der in Lüneburg erwirtschaftete Umsatz übertroffen werden und erst nach sechs Jahren der anfängliche Gewinnverlust ausgeglichen werden kann.

Auch die Amortisationsdauer der Verlagerung, berücksichtigt man die Risikoprämie für den Standort Rumänien, liegt bei über sechs Jahren. Es dauert also relativ lange, bis die Gewinnverluste ausgeglichen werden können und das investierte Geld wieder zurückgeflossen sein wird. Daher rate ich dem Vorstand der Innova-Q AG, auf Basis dieser Berechnungen noch einmal zu prüfen, welche Einsparungen zunächst am Standort Lüneburg verwirklicht werden können. Dies würde eine hohe anfängliche Investition vermeiden, welche auch mit hohem Risiko verbunden ist, da sich die wirtschaftliche Lage in sechs Jahren deutlich verändern kann, und es würde gleichzeitig die Liquidität des Unternehmens schonen. Darüber hinaus wären solche Einsparungen am bestehenden Produktionsstandort kurzfristiger realisierbar und würden sich somit auch schneller bemerkbar machen.

Da dem Vorstand kurzfristige Effekte sehr wichtig scheinen („[…] der Wettbewerb frisst uns langsam aber sicher auf, wir können nicht länger warten!; […] müssen die Personalkosten runter oder der Output hoch, am besten beides! Andernfalls sind wir in kürzester Zeit nicht mehr wettbewerbsfähig…"), sollte die Verlagerung überdacht werden. Es wurde gezeigt, dass die Personalkosten in Jucu zwar wesentlich geringer sind als in Lüneburg, es aber einige Zeit dauern wird, bis sich dieser Vorteil in Geld auszahlen wird, da neben anderen bereits gezeigten Nachteilen eine hohe Investition erforderlich sein wird, die sich nur langsam auszahlen wird.

Lösungen Aufgaben 4 a – 5 d Die Lösungen zu den Aufgaben 4 a+b sowie 5 a–c finden Sie in den hinterlegten Lösungstabellen in *Lösung 4a+b.xlsx* (Aufgaben 4 a+b) und in *Lösung 5a+b+c.xlsx* (Aufgaben 5 a–c).

Diese Musterlösungen dienen lediglich als Beispiel, da die Teilnehmer unterschiedliche Optimierungspotenziale für Aufgabe 4a erarbeiten und das Ergebnis somit individuell ausfällt. Daraus folgt, dass die Ausgangsbasis für alle Teilnehmer unterschiedlich ist und die Folgeergebnisse voneinander abweichen. Das Ziel besteht darin, dass die Entscheidungen für oder gegen eine Verlagerung mal mehr und mal weniger eindeutig ausfallen.

Literaturverzeichnis

Bellmann K, Himpel F (2008) Fallstudien zum Produktionsmanagement. 2. Aufl. Gabler/ GWV Fachverlage GmbH, Wiesbaden
Kinkel S, Maloca S (2009) Produktionsverlagerung und Rückverlagerung in Zeiten der Krise: Entwicklungen und Treiber von Produktionsverlagerungen und Rückverlagerungen im deutschen Verarbeitenden Gewerbe. In: Mitteilung aus der ISI-Erhebung Nr. 52. Fraunhofer-Institut für System- und Innovationsforschung 2009. http://www.isi.fraunhofer.de/isi-wAssets/docs/i/de/pi-mitteilungen/pi52.pdf. Zugegriffen: April 2015
Porter M E (1991) Nationale Wettbewerbsvorteile: Erfolgreich konkurrieren auf dem Weltmarkt. Deutschsprachige Ausgabe. Droemersche Verlagsanstalt Th. Knauer, München
Schaffer J (2010) Entwicklung und Optimierung eines treiberbasierten Modells zur Bewertung variantenindizierter Komplexitätskosten in industriellen Produktionsprozessen. 1. Aufl. Bd. 1. Sierke, Göttingen
Wildemann H (2005) Unternehmensstandort Deutschland: Wege zu einer wettbewerbsfähigen Wertschöpfungsgestaltung; [eine empirische Studie]. 1. Aufl. TCW Transfer-Centrum, München

Für die Bearbeitung der Fallstudie empfohlene Internetquellen und Studien
Adenäuer C, Haunschild L (2008) Anmerkungen zur Eigenkapitalquote im deutschen Mittelstand (ein Arbeitspapier). In: Working Paper 02/08 vom Institut für Mittelstandsforschung Bonn (Hrsg). http://www.ifm-bonn.org/publikationen/publikationendetail/?tx_ifmstudies_publicationdetail %5Bpublication %5D=112&cHash=0e7487873b35e09fc2ae58b4990237e6. Zugegriffen: März 2015
AT Kearney (2005) Building the Optimal Global Footprint: AT Kearney'sGlobal services Location Index. http://www.atkearney.de/latest-article/-/asset_publisher/lON5IOfbQl6C/content/2005-global-services-location-index-/10192. Zugegriffen: Mai 2015
brand eins Verlag GmbH & Co. oHG (2012) Am Ende der Kostenschraube. Ausgabe 4/2012 Schwerpunkt: Kapitalismus. https://www.brandeins.de/archiv/2012/kapitalismus/am-ende-der-kostenschraube/. Zugegriffen: Juli 2016
Kinkel S, Maloca S (2009) Produktionsverlagerung und Rückverlagerung in Zeiten der Krise: Entwicklungen und Treiber von Produktionsverlagerungen und Rückverlagerungen im deutschen Verarbeitenden Gewerbe. In: Mitteilung aus der ISI-Erhebung Nr. 52.

Fraunhofer-Institut für System- und Innovationsforschung 2009. http://www.isi.fraunhofer.de/isi-wAssets/docs/i/de/pi-mitteilungen/pi52.pdf. Zugegriffen: April 2015
Landeszeitung.de (2013) Profas investiert 15 Millionen. http://www.landeszeitung.de/blog/lokales/wirtschaft-lokales/87373-profas-investiert-15-millionen. Zugegriffen: Juli 2016

Für die Bearbeitung der Fallstudie empfohlenes Filmmaterial

Clage GmbH: Unternehmensporträt (Film). Online verfügbar unter: https://www.youtube.com/watch?v=f-jHodOvVQw oder unter: https://www.clage.de/de/unternehmen/portraet/video.php?video=play. Zugegriffen: Juli 20116
Norddeutscher Rundfunk (NDR) (2016) Wie funktioniert Greenwashing? (TV-Magazin). Markt – Das Wirtschafts- und Verbrauchermagazin. https://www.youtube.com/watch?v=4WX7z1wDxh4. Zugegriffen: Juli 2016

GPSR Compliance
The European Union's (EU) General Product Safety Regulation (GPSR) is a set of rules that requires consumer products to be safe and our obligations to ensure this.

If you have any concerns about our products, you can contact us on

ProductSafety@springernature.com

In case Publisher is established outside the EU, the EU authorized representative is:

Springer Nature Customer Service Center GmbH
Europaplatz 3
69115 Heidelberg, Germany

www.ingramcontent.com/pod-product-compliance
Ingram Content Group UK Ltd.
Pitfield, Milton Keynes, MK11 3LW, UK
UKHW021255180426

11947UKWH00011B/799